A VIDA NÃO PRECISA SER TÃO COMPLICADA

Leila Navarro

A VIDA NÃO PRECISA SER TÃO COMPLICADA

Pare de se preocupar
e deixe a vida fluir

THOMAS NELSON BRASIL

Rio de Janeiro
2010

Editor responsável	*Omar Souza*
Supervisão editorial	*Clarisse de Athayde Costa Cintra*
Produção editorial	*Fernanda Silveira*
Capa e projeto gráfico	*Valter Botosso Jr.*
Revisão	*Magda de Oliveira Carlos*
Diagramação	*Julio Fado*

CIP-BRASIL. CATALOGAÇÃO NA FONTE
SINDICATO NACIONAL DOS EDITORES DE LIVROS, RJ

N241v

Navarro, Leila
A vida não precisa ser tão complicada: pare de se preocupar e deixe a vida fluir / Leila Navarro. - Rio de Janeiro: Thomas Nelson Brasil, 2010.

ISBN 978-85-7860-061-7

1. Conduta. 2. Felicidade. 3. Autorrealização. 3. Sucesso. I. Título.

10-3338. CDD: 158.1
CDU: 159.947

Thomas Nelson Brasil é uma marca licenciada à Vida Melhor Editora S.A.

Rua Nova Jerusalém, 345 – Bonsucesso
Rio de Janeiro – RJ – CEP 21402-325
Tel.: (21) 3882-8200 Fax: (21) 3882-8212 / 3882-8313
www.thomasnelson.com.br

SUMÁRIO

Introdução
Pegue sua prancha 11

Por que parece que a vida não flui
Que ondas você está pegando? 19
Você está em equilíbrio? 29
O que você tem dito para si mesmo? 35
Você tem medo do quê? 43
Como você resolve seus problemas? 51
Você faz perguntas para si mesmo? 59

Permita-se fluir com a vida
Propósito, planejamento e convicção 69
Ninguém corta sua onda 79
E as perdas? E os fracassos? 89

Conclusão
Viver é fluir 99
As três perguntas do imperador 105

A vida é uma experiência e nós é que damos significado a ela.

Humberto Maturana

A vida não é a busca do caminho da verdade, mas sim o reconhecimento das verdades que encontramos em nosso caminho.

Gibran Kalil Gibran

Para fluir não é necessário competência, mas sim equilíbrio.

Leila Navarro

Tem gente que é competente e a vida flui.
Tem gente que não é competente e a vida flui.
Tem gente que é competente e a vida não flui.
Tem gente que não é competente e a vida não flui.
Por que será?
Talvez o fato de a vida fluir não dependa de competência, mas de outra coisa.
Mas do quê?
Será que é do ambiente?
Será que é da sorte?
Dos relacionamentos? De padrinhos? De coragem?
De estar despreocupado, tipo "quando não estou nem aí é que a coisa flui"?

Mas o que é fluir?
Será que o fluir da vida é o mesmo para todo mundo?

INTRODUÇÃO

Nada de esplêndido jamais foi realizado, exceto por aqueles que ousaram acreditar que algo dentro deles era superior às circunstâncias.

Bruce Barton

Pegue sua prancha

Perdi a conta das vezes que ouvi pessoas se queixarem de que, na vida, nada acontece conforme o que elas desejam. É o empresário que tem dificuldades para equilibrar seu negócio, é o casal de namorados que não consegue juntar dinheiro suficiente para casar, é o profissional que há anos luta para conseguir a tão desejada promoção no emprego. Com frequência, ouço frases do tipo "estou me sentindo estagnado", "não consigo o que quero", "os caminhos parecem fechados para mim", "minha vida não flui".

Um típico exemplo disso é a situação da filha de um conhecido meu, advogada formada em uma das melhores faculdades de Direito do país. Moça inteligente, culta, fluente em espanhol e em inglês, com estágio em uma grande empresa de advocacia, aprovada com boas notas no exame da Ordem dos Advogados do Brasil: com um currículo desses, era de se esperar que estivesse fazendo uma próspera carreira, ganhando um bom salário e sendo feliz da vida, certo? Pois o que ela está vivendo não é nada disso. Depois de formada, foi dispensada do escritório em que estagiava, pois não havia vaga para efetivação naquele momento. Nas muitas tentativas de emprego que fez em escritórios de advocacia, era sempre chamada para entrevista, mas não conseguia a vaga. Vendo que estava difícil arrumar trabalho, tentou abrir um escritório com ex-colegas da faculdade, mas a iniciativa também não deu certo. Além de não entrarem em um acordo sobre a forma de tocar o escritório, ela e os sócios não conseguiram atrair clientes suficientes para manter a empresa em funcionamento. Resultado: três anos depois de formada, a promissora advogada ainda não se havia firmado na profissão que escolhera.

Que as coisas demorem a dar certo, tudo bem, acontece. Mas três anos sem nada dar certo é tempo suficiente para essa advogada se perguntar o que está acontecendo com a vida dela, não?

Outro caso típico de vida que não flui é o que me foi contado certa vez por um bancário de 40 anos. Ambicioso e fortemente motivado a vencer, ele começou a trabalhar cedo para pagar os próprios estudos. Levou oito anos para concluir o curso de Administração, pois não era fácil conciliar emprego e faculdade em pontos opostos da cidade, mas realizou seu objetivo de obter um diploma. Ele esperava que, depois de formado, sua vida profissional fosse deslanchar — eu diria "desprانchar", pois acredito que, na vida, temos de aprender a surfar... De fato, conseguiu uma promoção para gerente de seu setor, mas assim ficou por alguns anos. Vendo que precisava fazer alguma coisa para chegar a diretor, resolveu cursar pós-graduação — e lá se foram mais dois anos de sacrifício. Pós-graduado, achou que reunia todas as condições para ser promovido a diretor, mas nada aconteceu. Mudou de emprego e partiu então para um MBA, convencido de que era o que faltava para chegar a um cargo de direção, mas isso também não funcionou. Resultado: depois de tanto investimento em cursos, tantas noites passadas em claro para estudar, o bancário continua na mesma. Ele fazia tudo certinho e nada acontecia.

Eu me pergunto: isso é fluir? Tanto sacrifício para não chegar aonde se quer? Será que é preciso sacrificar-se para que a vida flua — se fluir tem a ver com seguir, escoar, deslanchar gostoso?

Lembro-me também da história do alto executivo que lutava contra a depressão. Esse homem havia conquistado todo o sucesso profissional que a maioria das pessoas deseja. Muito competente, respeitado e reconhecido, tinha autonomia para trabalhar como quisesse e dinheiro de sobra. Apesar de tudo isso, sentia-se limitado com a vida que levava. Sentia muita vontade de experimentar coisas novas e desenvolver outras habilidades, mudar de profissão, talvez de cidade, porém se julgava preso ao confortável modo de vida que havia conquistado para si e sua família. Resultado: precisava tomar antidepressivo para aguentar a rotina do escritório e a falta de movimento de sua vida. “É como se eu estivesse em um beco sem saída”, ele me contou em um desabafo. “Minha vida está estagnada, não flui.”

É melhor ir parando por aqui, porque se eu começar a contar as histórias que conheço de pessoas que se sentem empacadas, não vamos sair mais disso. O fato é que parece não bastar ser ambicioso, saber o que se quer e estar bem preparado para ter uma vida que flui: se bastasse, a trajetória da advogada e do bancário seria bem outra. Parece também que mesmo as pessoas que conseguem alcançar o que consideramos sucesso estão sujeitas à terrível sensação de estar patinhando na vida, insatisfeitas e deprimidas — e a história do alto executivo não me deixa mentir.

Bem, tudo isso me deu curiosidade suficiente para ir atrás de respostas e entender o fenômeno da “fluidez da vida”, que aqui vamos definir como a sensação de bem-estar. Quando percebemos que a vida flui ficamos motivados, sentimos estar conquistando nossos objetivos, conseguimos vencer os obstáculos, as coisas se encaminham bem e notamos claramente o nosso progresso. Estamos, enfim, de bem com o mundo, satisfeitos e confiantes.

Algumas pessoas chamam esse movimento de sincronicidade, outras, de sorte. Mas, qualquer que seja o nome usado para descrever o fluir, trata-se de uma sensação que já conhecemos— ou não poderíamos achar que, em algum momento da vida, perdemos isso.

Se levar uma vida que flui fosse como surfar em um mar de ondas perfeitas, saltando de crista em crista até chegar mansamente à praia, a maioria das pessoas diria que mal consegue se manter sobre a prancha, ou que pega ondas que as levam para onde não querem ir, ou, ainda, que estão à deriva em um marasmo total — um mar sem ondas. E por que será assim?

É isso que iremos discutir neste livro, no qual compartilho com você tudo o que descobri sobre o fluir da vida. E, antes que comecemos com as nossas aulas de surfe, pretendo logo de cara desmontar três conceitos equivocados que se tem sobre o assunto.

O primeiro equívoco é achar que a vida só flui quando se tem progresso material, quando se tem "resultados". Como a ideia geral de sucesso está ligada à obtenção de poder, prestígio, influência e riqueza, as pessoas acham que as coisas só fluem à medida que percebem estar conquistando, ainda que lentamente, esses resultados. Mas, se isso fosse verdade, não haveria tantas pessoas que poderiam ser chamadas de bem-sucedidas, mas se sentem insatisfeitas e deprimidas.

Seguindo o raciocínio do primeiro equívoco desembocamos no segundo, que é achar que a vida só flui quando se tem muita competência. Pudera: para conquistar o sucesso, precisamos ter muito conhecimento e habilidades, pois o mundo é um lugar competitivo, onde só os melhores chegam lá. Assim, as pessoas tendem a pensar que ou investem em cursos, idiomas e qualificações — buscando, muitas vezes, fórmulas milagrosas que as transformem em vencedoras da noite para o dia —, ou não conseguirão ficar de pé sobre a prancha.

O terceiro equívoco é achar que a fluidez é uma coisa do "destino" de cada um. Depende de onde se nasce, de onde se cresce, da educação que se recebe, de quem se conhece, da felicidade de ser a pessoa certa na hora certa e no lugar certo. Ou seja: a vida flui mesmo para uns poucos que "nascem com uma estrela".

É nisso que muitos acreditam. Mas eu acredito que, para que a sua vida flua, você não tem de ser rico nem poderoso, não precisa ser o melhor em tudo nem um predestinado ao sucesso.

Acredito mesmo é que, para que a sua vida flua, você tem de saber quem é, onde está e para onde vai. E deve entender que, *de um jeito ou de outro, a vida jamais deixa de fluir. Cabe a você deixar-se levar por ela sem resistência e aproveitar ao máximo cada onda.*

Você já se deu conta de que precisa abrir mão das certezas para sua vida fluir? Dê a si mesmo uma oportunidade de deixar-se levar.

Vamos, eu o convido. Pegue sua prancha e vamos encarar essas ondas. Você vai ver que fluir é algo muito mais natural do que imaginava.

POR QUE PARECE QUE A VIDA NÃO FLUI

Todas as pessoas deveriam esforçar-se por seguir
o que é correto, não o que é estabelecido.
Aristóteles

Einstein costumava dizer que na vida dele havia duas regras.
A primeira é que não havia regra nenhuma.
A segunda era: "O que você pensa de mim
é da sua conta, e não da minha."

Você tem de aprender a quebrar o padrão para não quebrar o patrão,
que na maioria das vezes é você mesmo.
Leila Navarro

Que ondas você está pegando?

Um dia desses, conversando com uma senhora de pouco mais de 70 anos, eu me dei conta de como a humanidade sofisticou seu modo de vida nas últimas décadas, tornando mais complexo o fluir. Eu e a simpática senhora estávamos em uma loja, consultando a lista de presentes de casamento de uma moça — aliás, sobrinha dela. A relação tinha todos os sonhos de consumo de um casal moderno: fogão, forno micro-ondas, refrigerador dúplex, um televisor de plasma de 42 polegadas (provavelmente para a sala de estar), um televisor de tela plana de 29 polegadas (acho que para colocar no quarto), dois aparelhos de DVD (um para cada televisor, claro), três aparelhos de telefone sem fio, um *laptop* de última geração, aparelho de som, máquina de lavar louça, máquina de lavar roupa, máquina de secar roupa... E por aí vai.

"Meu Deus, será que tudo isso que minha sobrinha está pedindo vai caber no apartamento dela? É tão pequenininho!", comentou a tia da noiva com ar de perplexidade. "Veja só como as coisas mudaram", ela continuou. "Quando eu me casei, no final dos anos 40, tudo de que a gente precisava para montar uma casa eram os móveis, um fogão a gás e um rádio. Quando comprei minha primeira geladeira elétrica, em 1952, achava que tinha tudo na vida. Como eram simples as coisas naquele tempo! A gente conseguia ser feliz com tão pouco..."

O que ela disse despertou minha atenção. Realmente, tempos atrás, éramos capazes de ser felizes com muito menos do que precisamos hoje. É impensável para a classe média viver sem comodidades do mundo atual como internet, televisão a cabo, celular, eletrodomésticos, fraldas descartáveis e comida *delivery*, só para ficar no básico. Agora, para ter acesso a tudo isso, é preciso ganhar bem. E, quanto mais se ganha, mais se deseja melhorar o que se tem. Não basta ter um carro na garagem: é preciso que o carro seja do ano. Não basta ter um celular: é preciso que ele tire foto, acesse a internet e toque música. Não basta ter computador: é preciso que ele seja o estado da arte para rodar os jogos e os *softwares* incríveis que são lançados a cada dia.

A questão é que vivemos em uma sociedade movida pelo consumo e levamos uma existência de "viver para ter". Escolhemos uma carreira que pague bem, dê futuro e segurança. Investimos anos em estudos para ter a melhor qualificação possível. Desenvolvemos as habilidades que podem nos tornar profissionais competitivos e diferenciados. Nunca deixamos de nos atualizar e nos manter em forma, pois o ambiente das empresas é selvagem e só os melhores se mantêm empregados. E tudo isso para quê? Para ter, manter e, de preferência, melhorar o padrão de vida que nos permite consumir, consumir, consumir.

Quero deixar claro que não tenho nada contra uma vida confortável, liberdade financeira e sucesso profissional. Aliás, sou a primeira a incentivar as pessoas a acreditar que podem e merecem conquistar as coisas boas da vida, pois isso também faz parte de algo mais abrangente que é a felicidade. Mas daí a orientar toda uma vida para o crescimento do poder aquisitivo há uma grande diferença.

Pessoas que perseguem a onda de um sucesso medido pelo saldo bancário, pelo ano de fabricação do carro ou pelo preço das roupas que vestem são sérias candidatas à sensação de que a vida não flui. Porque se elas não conseguem ter a condição econômica que permite realizar seus "sonhos de consumo", ficam frustradas e reclamam: "Eu me esforço tanto, mas não consigo chegar aonde desejo." Mesmo as que progridem financeiramente podem chegar a um ponto da vida em que começam a vergar sob os esforços que vinham fazendo para ter cada vez mais. *Sentem-se cansadas e prisioneiras de um padrão de conduta, de um padrão de vida que lhes custa muito manter.* Questionam se tudo aquilo realmente tem valido a pena e sentem que estão em um beco sem saída. E, para quem está em um beco sem saída, a vida também não flui.

Outra onda muito perseguida atualmente é a da competitividade. Competir faz a pessoa se comparar com os outros constantemente, e com isso ela perde o que tem de mais rico: sua individualidade. Cada um de nós é único em seu modo de ser e em sua trajetória de vida. A apologia da competição que a nossa sociedade faz, porém, leva as pessoas a tentarem se igualar, adotando referências de como ser, como agir e que resultados alcançar. Com isso, acabam se limitando, já que a medida de crescimento que buscam está sempre no outro.

Você talvez esteja se perguntando agora: "Mas não temos de saber o que o nosso concorrente está fazendo ou para onde está indo? Competir não é a lei do mercado?" Pois me diga você: se soubesse que seu principal competidor foi tragado pelo *tsunami* da Ásia ou pelo furacão Katrina, você se sentiria livre? Ficaria aliviado por não ter mais concorrência? Acho que não, porque a necessidade de competir não tem fim para os competitivos.

Vamos aqui fazer uma distinção entre competição e concorrência. Competir é lutar para ser melhor que o outro. É acreditar que só um pode vencer — aquele que for maior ou mais forte. Mas, se fosse assim mesmo, teriam os dinossauros sumido da face da Terra? Já concorrer é "correr com", correr junto. É ter consciência de que no mar há muitas ondas que vão na mesma direção: que cada um, então, pegue a sua. Se entendermos que somos únicos, entenderemos também que as oportunidades da vida de cada um são únicas. Assim como há momentos em que uma oportunidade aparece para você, há momentos em que é o seu concorrente que tem a dele. Você tem os seus resultados, o concorrente tem os dele. E daí? Vocês apenas correm juntos, não precisam ficar se comparando o tempo todo.

Quem só se preocupa com competência, compete, e quem concorre (corre junto), flui. Com base nisso, peço que reflita: até que ponto você conduz sua vida pela necessidade de ser competitivo?

Outra onda que muita gente pega é a de provar seu valor para os outros. Acha que estou exagerando? Pois imagine quantas pessoas escolhem uma profissão que consideram nobre, muito mais orientadas a provar que podem exercê-la do que em fazer o que lhes daria prazer. Quantos profissionais se esfalfam para ocupar uma diretoria de empresa para mostrar que são capazes. Quantos jovens pensam na carreira artística para merecer aplausos e as luzes dos holofotes. Quantos filhos seguem a profissão dos pais para corresponder às expectativas dos familiares.

Sejamos honestos: todos nós, em algum grau, somos motivados a provar nosso valor para os outros. Talvez seja no trabalho, para demonstrar que somos bons. Talvez nos relacionamentos, para conquistar admiração, ou talvez na vida social, para ser reconhecidos como alguém que deu certo.

Certa vez eu conversava com uma mulher extraordinária, inteligente e competente. Ela vinha fazendo uma carreira brilhante em uma empresa multinacional e, na ocasião, acabava de assumir um cargo de direção. Perguntei quais eram seus próximos planos, certa de que ouviria suas ideias para a empresa ou algo assim. Mas, para minha surpresa, ela suspirou e disse em tom de desabafo: "Bem, agora que não preciso provar mais nada a ninguém, quero casar e ter filhos."

Veja você como as aparências enganam. Quem diria que uma mulher poderosa como aquela tinha ido tão longe e conquistado tantas vitórias para chegar perto dos 40 anos e dizer que tudo que fez foi para provar seu valor para os outros. Ou será que estava, esse tempo todo, motivada a provar algo para si mesma?

Pois é. O mundo está cheio de pessoas que perseguem a onda de provar o seu valor, do que os outros vão pensar, do poder, do *status,* da fama, do enriquecimento e tudo o mais. Se essas ondas as levarem para onde elas realmente querem ir e se sentirão felizes, tudo bem. Mas, para muitas dessas pessoas, o esforço necessário a fim de se manter sobre a prancha pode ser muito grande, não valer a pena ou não proporcionar a realização que buscam, afinal. "E qual seria a onda que eu deveria pegar?", você se pergunta. Para mim, é a que desperta em nós os sentimentos da paixão e/ou da relevância, levando-nos a cumprir o nosso propósito.

Nunca acho demais citar uma frase de Don Juan Matus, xamã e mestre do antropólogo mexicano Carlos Castañeda, autor de vários livros: "Se neste caminho existe um coração, então vá em frente." Isso significa que devemos escolher o que nos apaixona, que nos instiga, que nos provoca a seguir determinado caminho — a escolher a onda certa para nós entre as numerosas que correm pelo mar.

Em nosso íntimo, sabemos o que tem a ver conosco. A paixão fala dentro de nós o tempo todo. É preciso que não prestemos atenção ao rugido das outras ondas e nos concentremos no que sentimos, no que o nosso coração pede. O que realmente gostaríamos de fazer? Onde gostaríamos de estar? A pessoa apaixonada pelo seu objetivo tem muita energia e persistência para se manter sobre a prancha. Se for para encarar um *tsunami*, arruma coragem; se for para surfar em marolas, encontra paciência. Ela se entrega e sua vida flui, não importam as condições do mar.

Sei que, para muita gente, ter paixão pelo que se faz parece privilégio. Talvez a maioria das pessoas deste planeta não se sinta livre para seguir o que as apaixona, ou porque não teve acesso a uma formação que lhe dê várias possibilidades, ou porque precisa lutar pela sobrevivência, ou porque não descobriu sua paixão. Mas nem por isso, acredito eu, a vida não fluiria para essas pessoas, pois elas podem encontrar o sentido da relevância no que fazem.

Relevância é o significado que a escolha tem para a própria pessoa. É um sentimento que atribui importância e justifica o que se faz. Para quem não teve outra escolha senão tocar a lojinha da família, a relevância pode estar em manter um negócio que sustenta os pais idosos e dá emprego para outras pessoas. Para o agricultor que trabalha de sol a sol, pode estar no fato de que sua lida garante os estudos dos filhos. Para o metalúrgico que passa o dia na boca de um alto-forno, o sentido de relevância pode vir da ideia de que poucos suportariam um trabalho tão duro. Quando sentimos que há relevância no que fazemos, valorizamos o que fazemos. Acreditamos no que fazemos. E, com isso, passamos a gostar do que fazemos, pois o sentido de relevância alimenta nossa autovalorização.

Um professor de psicologia da Universidade de Chicago, Mihaly Csikszentmihalyi, autor do livro *Flow — The psichology of optimal experience* (Fluir — A psicologia da experiência ótima) tem uma teoria muito interessante sobre o fluir que casa bem com meu raciocínio. Ele diz que a vida é como um gráfico cujo eixo vertical é o desafio e o horizontal, as habilidades. Quando há equilíbrio entre as forças dos dois eixos, a vida flui.

Podemos entender desafio como uma motivação que nos provoca, que vem de dentro, do sentimento de paixão ou do sentido de relevância que temos. Já as habilidades seriam o somatório de várias coisas: competências, experiências, aprendizado, comportamentos, talentos, tudo que está dentro de nós, nossos recursos. Pessoas que elegem para si um desafio muito alto — como as que vivem querendo provar o seu valor —, mas não têm habilidades suficientes para enfrentar o desafio desenvolvem um quadro de ansiedade. Já as que têm muitas habilidades, mas não encontram um desafio instigante no que fazem não se sentem motivadas com nada, não sabem o que estão fazendo da sua vida e acabam tornando-se apáticas, desanimadas, desmotivadas — enfim, em um marasmo total.

Quando constatamos que entre os remédios mais vendidos em todo o mundo estão um ansiolítico, o Lexotan, e um antidepressivo, o Prozac, vemos que muita gente está realmente pegando ondas que não têm nada a ver com elas.

Acredito que a melhor prevenção contra os males que tanto afligem a humanidade é o autoconhecimento. Quanto mais a pessoa se conhece, mais se percebe e persegue o que tem a ver com ela. Para quem é apaixonado pelo que faz ou vê relevância no que faz — ou tem as duas coisas juntas, o que é ainda melhor —, a vida flui porque há motivação interior para vencer as dificuldades, há coerência nas pequenas escolhas que é preciso fazer no diaadia, existe satisfação em conquistar cada pequena vitória. A pessoa é feliz pelo que é e tem a cada momento da vida. Sem nem mesmo perceber, está cumprindo seu propósito de vida, ou seja, o que lhe cabe. Está apenas fluindo, e como isso é bom!

Se a vida não está fluindo para você,
pergunte-se: que ondas estou pegando?

Você está onde se pôs
Luis Antonio Gasparetto

A maioria das pessoas é tão feliz quanto decide ser.
Abraham Lincoln

Você está em equilíbrio?

O que você acha de surfar com um pé só e não usar os braços para se equilibrar? Isso exigiria muito esforço e tornaria tudo mais difícil, não? Pois é algo mais ou menos assim que muita gente faz com sua vida. Neste nosso mundo competitivo, em que o desempenho na carreira é tão valorizado, as pessoas se apoiam no aspecto profissional e esquecem que os outros também são importantes para mantê-las sobre a prancha. A vida parece fluir até que elas, exaustas, se desequilibram e caem.

Mesmo para aquelas que estão na onda da sua vida, imbuídas pela paixão ou pelo sentido de relevância e cumprem seu propósito, há o risco de se identificar tanto, mas tanto com o que fazem a ponto de deixar em segundo plano todo o restante: família, relacionamento amoroso, lazer, saúde, espiritualidade.

Devo confessar que isso aconteceu comigo. Quando comecei a carreira de palestrante, de tão entusiasmada que estava, nem percebia a vida maluca que levava. Vivia em avião para lá e para cá, sempre correndo para atender os compromissos das palestras e tocar minha empresa. Ao chegar em casa, continuava nesse pique. Quando me dava conta, estava ministrando palestra para meus filhos, a empregada, o porteiro do prédio. Comecei a ficar uma palestrante enlouquecida, que dava conferência onde quer que estivesse. No restaurante, se eu não fosse bem atendida, desandava a falar da importância do bom atendimento com o garçom. No banco, se houvesse algum problema com a minha conta, me punha a dar palestra sobre qualidade para a agência inteira. Eu me achava palestrante e não enxergava mais os limites entre meu *eu* profissional e meus outros *eus*.

Nem me dava conta de como deixava os outros aspectos da minha vida em segundo plano. Certa vez fiz um *check-up* completíssimo e levei os resultados para a minha médica ortomolecular. Enquanto ela examinava aquela papelada, eu só via suas sobrancelhas se mexendo, como quem está lendo algo muito revelador. Então ela disse: “Leila, sabia que você teve uma pneumonia desde os últimos exames?” Rebati: “Pneumonia? Deve ser engano seu, nunca senti nada!” A médica continuou: “Vejo aqui que você pode estar com artrose. Suas articulações não doem às vezes?" Respondi: "Imagine se eu tenho tempo de sentir dor."

Naquela ocasião achei fantástico ter ficado doente (isso segundo os exames) e não sentir nada. Pensei: nada é capaz de me parar! Só fui me dar conta de como vinha negligenciando meus outros *eus* quando me apaixonei. Primeiro, relutei em aceitar que tivesse sido emocionalmente tocada por um homem. Toda vez que ele me vinha à cabeça, brigava comigo mesma: "Que bobagem, Leila, você não precisa de uma paixão. Sua vida está completa." Meu ego resistiu até onde pôde àquele sentimento, mas enfim cedeu aos apelos do coração e eu acabei assumindo que estava apaixonada. Para encurtar a história, minha paixão terminou em um desastre. Eu me identificava tanto com o meu eu-palestrante-empresária-de-sucesso que fui para cima do homem com a mesma objetividade e assertividade que empregava nos assuntos profissionais.

Tentei "fazer acontecer" sem considerar que, *nos assuntos do coração, fala-se pelo silêncio, age-se com sutileza, permite-se que o momento crie a oportunidade do encontro.* Quis conquistá-lo, mas o que consegui foi afastá-lo. O fracasso amoroso me causou muita dor, mas mostrou claramente como eu vinha descuidando da inteireza do meu ser, que é muito maior do que a Leila palestrante. Até me apaixonar, achei que o sucesso profissional era suficiente para me fazer feliz e completa. Eu me fechei para um relacionamento amoroso, maltratei meu corpo, restringi meus interesses a tudo que tivesse relação com o trabalho. Enfim, causei um grande desequilíbrio em minha vida e caí da prancha.

Infelizmente, acontece a mesma coisa com muitas pessoas. Basta ver quanta gente bem-sucedida profissionalmente tem problemas afetivos, dedica-se mais ao *networking* do que aos amigos ou arruma problemas de saúde por causa do estresse de estar sempre em busca da autossuperação. O pior é que isso tudo é considerado normal, tão normal que, quando se deseja restabelecer o equilíbrio, as pessoas até estranham.

Um conhecido meu só faltou ser chamado de louco quando decidiu encerrar sua trajetória em uma grande empresa, justamente porque dedicava quase toda a sua energia ao trabalho e desejava dar mais atenção a outras áreas da vida que estavam em segundo plano. Ele era extremamente competente e bem-sucedido no cargo que ocupava, e por isso ninguém acreditou quando pediu demissão. Sua chefia, inconformada, tentou de tudo para fazê-lo mudar de ideia: ofereceu aumento, promoção, bônus, uma série de vantagens. Vendo que nada funcionava, os outros diretores da empresa começaram a fazer pressão psicológica sobre ele, dizendo que não aceitar a oferta era loucura, que seria muito difícil ele se manter no mundo lá fora etc. e tal. Apesar de tudo, esse homem manteve sua decisão e não se arrependeu. Tornou-se consultor empresarial. Diminuiu a carga de trabalho, pratica esportes, cuida de plantas, faz churrascos para os amigos, escreve livros e fica mais com a família. Desde que mudou de vida, parece que remoçou dez anos.

Outro ex-executivo que conheço resolveu pendurar as chuteiras aos 66 anos. Quando contava aos outros seu desejo de se aposentar e aproveitar mais a vida, lhe diziam: "Não faça uma coisa dessas! Se você parar de trabalhar, você morre." O conceito de que a profissão está em primeiro lugar está tão arraigado na vida das pessoas que elas chegam ao ponto de achar que parar de trabalhar significa a morte! Pois assim mesmo o executivo parou e, contrariando as expectativas de todos, continuou bem vivo. Aliás, mais vivo. "Parei e não morri", disse-me ele, satisfeito. Sabe onde conheci esse homem? Em um *spa,* cuidando da mente e do corpo.

Agora, vamos falar de você. Depois desses breves depoimentos que encontrou aqui, peço que reflita: com que aspectos de si mesmo está tocando sua prancha? Será que está tentando se equilibrar apenas com os esforços do seu *eu* profissional, deixando de lado as outras partes de você? Aliás, que outras partes suas você reconhece?

Falo por experiência própria: é preciso estar na prancha por inteiro. Para surfar com equilíbrio é necessário usar pés, braços, ombros, quadris, pescoço. É preciso que todas as nossas partes estejam em harmonia, trabalhando juntas em cada manobra, cada onda, cada momento da vida. É preciso que você esteja presente, que você esteja na prancha para fluir.

Que emoções lhe fazem faltar com o respeito a si mesmo?

Você não vive em qualquer mundo: você leva
o mundo consigo e é responsável por ele.
Humberto Maturana

Nada muda se você não mudar.
Leila Navarro

O homem não é outra coisa além daquilo que faz de si mesmo
Jean-Paul Sartre

O QUE VOCÊ TEM DITO PARA SI MESMO?

No departamento comercial de qualquer empresa, você provavelmente encontrará o profissional que vende mais e o que vende menos. Se perguntar ao vendedor mais bem-sucedido qual é o segredo dele, ouvirá algo como "acredito no meu produto", "nasci para vender" ou "tenho fé no meu taco". Em contrapartida, se questionar os motivos do mau desempenho do vendedor lanterninha, provavelmente ouvirá um rosário de lamentações: "não tenho sorte", "vender é difícil, não sei como esse pessoal consegue ir tão bem assim". Agora pense bem: por que motivo, em um grupo de pessoas que vende os mesmos produtos, com as mesmas regras de negociação, os mesmos preços e os mesmos concorrentes, uns são mais bem-sucedidos do que outros? Para mim, é muito claro: ao convencer-se de que vender é difícil, aquele profissional que fatura menos que os outros cria um obstáculo para si mesmo, pois a vida só confirmará a crença de que vender é difícil.

Se sua vida não está fluindo bem, talvez seja preciso você escutar o que vem dizendo para si mesmo. Porque é comum falarmos, mesmo sem perceber, muitas coisas que nos limitam, que nos impedem de alcançar o que mais desejamos. O que você tem dito ultimamente? Que o mercado está em crise? Que ninguém dá emprego para gente com mais de 40 anos? Que você não tem sorte no amor? Que é cada vez mais difícil abrir um negócio próprio? Que é impossível emagrecer vinte quilos? Que os outros não levam você a sério? O que você diz é reflexo daquilo em que acredita, e o que você acredita determina como a sua vida flui — ou não flui.

É pena que nos deixemos dominar por pensamentos negativos e limitantes, pois nascemos sem eles. Quando abrimos os olhos pela primeira vez neste mundo, nossa mente é como um CD-ROM vazio, onde aos poucos começam a ser gravadas as impressões e conclusões que tiramos de nossas experiências. Quando somos bebês de colo gorduchos e corados, nossos pais se derretem com nossas gracinhas e recebemos todo tipo de reforços positivos. Mais tarde, porém, ficamos levados, fazemos travessuras e coisas erradas, e começamos a ser comparados com outras pessoas. "Veja como sua irmã é ordeira. Fulano não se suja como você. Suas notas foram as piores da classe".

Daí para a frente, as comparações só aumentam e vamos perdendo a noção da nossa identidade, pois nos são colocados tantos modelos de conduta que se torna difícil manter a ideia de que somos únicos — que é o que realmente somos, indivíduos. O pior é que de tanto ouvir certas coisas a nosso respeito passamos a acreditar nelas. É assim que surgem vozes de autocensura, restrição e dúvida em nosso interior. É assim que deixamos de acreditar em nossos merecimentos, em nossas convicções e potenciais, o que frustra muitas de nossas iniciativas na vida.

Veja o tamanho da encrenca que arrumamos para nós mesmos. Interiormente, vivemos nos comparando com padrões de imagem, conduta e resultados de outras pessoas. Externamente, a sociedade e os meios de comunicação vivem nos dizendo como devemos ser, reforçando nossas crenças interiores. Podemos passar a vida nesse círculo vicioso, a menos que tornemos consciência dele e decidamos quebrá-lo. E, para quebrá-lo, precisamos desafiar nossa vergonha, nosso medo de parecer inadequados ou ridículos.

Outro dia reencontrei uma antiga colega de escola. Eu só a reconheci por causa do nome, já que ela estava completamente diferente da moça de 16 anos que estudou comigo. Eu me lembrava dela como uma garota alta, magra e tímida, que se isolava dos colegas. Começamos a conversar e ela me contou que, na adolescência, se achava tão fora dos padrões físicos e tão desengonçada que não acreditava ser capaz de fazer balé, algo que queria muito. Só nos tempos da faculdade começou a se questionar e criou coragem para desafiar sua vergonha: entrou para uma escola de dança. "Quando me vi fazendo balé, Leila, percebi que eu podia ser uma mulher graciosa. Parei de dizer a mim mesma que era desengonçada e mudei minha vida."

Quero dizer a você que se limita, que não acredita em si mesmo, que se acha menos que os outros e se sente travado na vida que cale as vozes de censura e restrição que ecoam em sua mente. Primeiro, comece a perceber que vozes são essas. Comece se escutar mais. Preste atenção no que você anda falando sobre si mesmo para os outros e procure ouvir seus pensamentos. Quando estiver sozinho, seja no trânsito, em casa, seja em uma caminhada pela praça, diga tudo o que está pensando. Não tenha medo de parecer doido, porque há muita gente neste mundo que faz igual. Falar para si mesmo é uma ótima maneira de tomar consciência dos pensamentos negativos e limitantes que passam pela sua cabeça. Escute-se mais!

Conforme você vai reconhecendo suas autossugestões negativas, comece a substituí-las por autossugestões positivas. Segundo a neurociência, nosso cérebro assimila tudo o que repetimos sistematicamente, seja certo ou errado, seja positivo ou negativo. Foi comprovado que, se repetirmos pelo menos 42 vezes o mesmo comando (frase ou enunciado que contém uma afirmação), nosso cérebro o incorpora como uma crença, e essa crença se torna nosso comportamento. Ao dizer coisas positivas, como quem só espera o melhor da vida das pessoas e de você mesmo, você acaba criando um posicionamento e uma conduta positiva ao longo do tempo. Consequentemente, também poderá interpretar a vida e seus acontecimentos de modo positivo. Se um simples copo com quatro dedos de água pode ser considerado quase cheio ou quase vazio, dependendo da leitura que cada um faz, imagine os efeitos que uma interpretação mais otimista dos fatos é capaz de proporcionar em sua vida.

Se tudo acaba nos influenciando de certa maneira, por que não nos proporcionamos conscientemente algumas influências do nosso interesse, para nosso crescimento e bem-estar? Sempre digo às pessoas que escrevam essas sugestões em pedaços de papel e os coloquem em lugares estratégicos, de modo que deparem com eles no dia a dia: no espelho do banheiro, no guarda-roupa, no marcador de data da agenda, até no teto do quarto, bem em cima da cama. Eu mesma tenho, no meu espelho, uma frase escrita que diz assim: "Aí, poderosa, você é a mulher que eu queria ser."

Costumo brincar que todos nós somos paranormais, pois temos a capacidade de "prever" o que vai acontecer conosco. Se vivemos falando que nada dará certo, pode acreditar que não dará mesmo, pois interiormente estaremos trabalhando para que isso aconteça. Nós nos convencemos de tal forma do que pensamos a ponto de só perceber o que está de acordo com o que pensamos.

Costumo dizer que nossos olhos veem o que estamos buscando. Para entender bem esse conceito, é mais fácil começar a explicá-lo com situações corriqueiras de nossa vida. Quando resolvemos comprar determinado modelo de carro, por exemplo, passamos a enxergá-lo em todo lugar. Parece até que todo mundo resolveu comprar o mesmo carro! Já quando estamos de casamento marcado, enxergamos tudo que é placa de imóvel para vender e alugar. E quando estamos para ter filhos, então? Saímos para passear no shopping e tudo que vemos é loja de roupinhas de bebê, brinquedos de bebê, móveis de bebê... Isso acontece porque nosso cérebro, que é muito seletivo, percebe mais facilmente o que tem a ver com seus interesses ou preocupações no momento. Pelo mesmo motivo, quem vive dizendo que as coisas estão difíceis só é capaz de perceber dificuldade em tudo o que vê. A pessoa fica com uma perspectiva pessimista da vida e só enxerga problemas e complicações.

Felizmente, podemos usar esse mesmo princípio em nosso benefício. Experimente mudar sua fala interior do negativo para o positivo. Persista seriamente nisso e você verá que seus olhos, aos poucos, começam a perceber oportunidades de felicidade, prosperidade, bem-estar e realização. Busque isso conscientemente e você encontrará.

Talvez você esteja precisando escutar mais a si mesmo.
A boca fala aquilo de que o coração está cheio. Do que o seu coração está cheio?
O que seus olhos estão vendo? O que você está buscando?

Um herói é alguém que desafia a adversidade
fazendo o que acha certo, apesar do medo.
Anthony Robbins

Você tem medo de quê?

Depois de reconhecer os pensamentos negativos que atrapalham sua vida e trabalhar para transformá-los, você terá de ir ao encontro de algo que fazemos de tudo para não enfrentar: o medo. Por que se existe algo realmente capaz de nos deixar travados e impedir que a vida flua é esse sentimento.

Em uma certa época da minha vida, tive um programa de televisão na Rede Mulher. Do momento em que fui convidada a assumir o programa até o dia em que ele foi ao ar passaram-se meses. Cada hora era uma coisa que atrapalhava a estreia e, por mais que eu me esforçasse, aquele projeto não fluía. Um dia, encontrei Irineu Gasparetto, sensitivo que trabalha com desenvolvimento humano, e ele me perguntou como ia o programa. "Está enroscado, Irineu. Não sei por que, as coisas não fluem". Então ele me olhou como quem intuía algo a meu respeito e disse: "Mas que medo de fazer sucesso, hein, Leila?"

E não é que o Irineu tinha razão? Era medo mesmo. Tive de reconhecer para mim mesma que, apesar do esforço que estava empregando para fazer o programa acontecer, eu sentia um frio na barriga, uma paúra de assumir aquela grande responsabilidade. Dentro de mim algo questionava: "Será que vai dar certo?"

Bem, depois que reconheci meu medo, ficou mais fácil lidar com ele. Só podemos enfrentar aquilo cuja existência reconhecemos, certo? Mas o que parece tão simples é justamente o mais difícil de fazer, pois tendemos a evitar o medo, disfarçá-lo e, como último recurso, negá-lo. Quantas vezes a gente está suando frio e quase botando o coração pela boca ao enfrentar uma situação amedrontadora, e então alguém diz: "Não precisa ter medo." E a gente responde: "Não estou com medo, só um pouco nervoso."

Todos sentimos medo, pois se trata da mais natural emoção humana. Alguns medos são comuns à maioria das pessoas. Um é o do fracasso, que nos faz evitar tudo o que nos traz riscos, que pode dar errado ou sair do nosso controle. Outro é o medo da mudança, que ameaça nossa estabilidade, nossa tão adorada zona de conforto. Há o medo do que os outros vão pensar, de dar vexame, de "pagar mico", de ter nossa imagem comprometida por um deslize qualquer. Eu citaria também o moderníssimo medo de não ser competitivo, que tão frequentemente nos leva a fazer acrobacias sobre a prancha. Além desses, temos nossos medos específicos, causados por experiências traumáticas que tivemos em algum momento da vida e deixaram profundas marcas.

Embora ninguém goste de sentir medo, ele tem um aspecto positivo que pouca gente considera. Eu me atreveria mesmo a dizer que ter medo é bom e, inclusive, aponto motivos para você ter os seus como grandes aliados em seu crescimento pessoal.

Uma das coisas boas que o medo faz é nos deixar em estado de alerta. Tudo o que fazemos com um pouco de receio, fazemos com mais cautela. Quando temos de decidir sobre um assunto que é novidade para nós ou enfrentar uma mudança, por exemplo, o medo de fazer bobagem nos leva a levantar informação, pedir ajuda ou, no mínimo, ser prudentes.

Às vezes, só o medo faz a gente se mexer. Tendemos à acomodação e, se não nos sentíssemos ameaçados às vezes, nunca tomaríamos certas atitudes. O temor de perder algo importante, como o emprego ou a afeição de alguém, é algo que pode nos fazer desenvolver habilidades e até mudar comportamentos. Basta existir o boato de que haverá cortes em uma empresa e muita gente trata de mostrar uma eficiência impressionante. Incrível, não?

Pense bem: é mais negócio ter o medo como aliado do que como inimigo, utilizando a energia que ele gera como combustível para vencer a acomodação, superar limites e crescer como pessoa. Mas, como já disse, é preciso reconhecê-lo (o que não é nenhuma vergonha) e olhar de frente para ele, pois só assim poderemos nos preparar para enfrentá-lo. Identificado o medo, poderemos dar o segundo passo: determinar sua causa. Para isso, vou ensinar a você um questionamento muito simples que costumo fazer.

A primeira coisa que você perguntará a si mesmo é: *será que esse medo é meu?* Pode acontecer de você cruzar com alguém baixo-astral, que está muito queixoso e negativo, e se deixar envolver pela nuvem de pessimismo dessa pessoa. É comum também nos deixamos contaminar pelo negativismo de um ambiente. Se, ao fazer esse questionamento, você chegar à conclusão de que o medo foi "importado" de outras pessoas, não será difícil tirá-lo da cabeça. Você não será mais afetado por isso desde que aprenda a separar o que é seu e o que é dos outros, não se deixando contaminar por coisas que não têm nada a ver com você.

Caso você perceba que o medo é seu mesmo, pergunte-se então: *será que o meu medo é do novo?* É normal ficar com as pernas bambas diante do desconhecido, mas não deixe que isso o paralise. Digamos que você tenha recebido um novo projeto de trabalho e esteja um pouco inseguro: o que fazer? Primeiro, ataque a situação logo, pois quanto mais cedo fizer isso, melhor poderá preparar-se. Estude para valer o projeto, reúna informação sobre ele, peça ajuda se for preciso. Estar bem informado e preparado é a melhor estratégia para superar o medo do desconhecido.

Se você não encontrar a causa do seu medo com as perguntas anteriores, faça esta aqui: *isso é medo ou falta de autoconfiança?*

Por trás do medo do desconhecido você poderá encontrar aquele sentimento que diz "é muita areia para o meu caminhãozinho". Ou seja, falta de fé no poder pessoal, em suas habilidades. Pode ser que você não conheça realmente suas habilidades — e, se não topar alguns desafios de vez em quando, jamais irá reconhecê-las. Autoconfiança se fortalece assim: permitindo-se enfrentar as situações que provocam medo. Você pode começar enfrentando pequenos medos, um de cada vez, e com isso ir aumentando a fé em seu taco.

Agora, se a causa de seu medo não for externa, nem ligada à mudança, nem associada à falta de autoconfiança, pergunte-se: *será que meu medo é de errar?* Bem no âmago do nosso orgulho repousa o pavor de sermos reprovados, ridicularizados ou menosprezados, pois para ele isso parece mortal. Mas o que está em jogo aí é apenas a soberba do ego, que acha que temos de ser perfeitos. É muita pretensão achar que podemos ser perfeitos e dispensar o erro para construir nosso aprendizado, não? Se você concorda comigo nesse ponto, deixe de lado o orgulho e experimente. Não tenha vergonha de perguntar o que não sabe, nem de pedir ajuda, ou tempo, ou seja lá o que for. Informe-se, prepare-se e permita-se experimentar. Se você errar, garanto que não será o primeiro nem o único.

Esse é um questionamento que ajuda a identificar os nossos medos associados ao ego. Pode ser que você tenha outros mais profundos e difíceis de abordar, talvez originados em situações traumáticas da vida, como já disse. Nesse caso, peço que considere a possibilidade de procurar a ajuda de um terapeuta, *coach* ou conselheiro, pois é realmente difícil enfrentarmos medos profundos sozinhos. De qualquer forma, você estará encarando o seu medo e removendo um grande obstáculo que impede sua vida de fluir.

O medo é como aquele bicho-papão que a gente, quando era criança, acreditava estar escondido atrás da cortina. Se tivermos coragem de puxar a cortina, saberemos o que estamos enfrentando.

Com o medo é assim: se fugimos, ele nos domina;
se o encaramos, ele nos liberta. Você tem medo de quê?

A maior descoberta de minha geração é que os seres humanos podem mudar de vida mudando suas atitudes.

William James

Como você resolve seus problemas?

É manhã de segunda-feira. Você acordou já atrasado e tem de correr para um compromisso de trabalho. Para ganhar tempo, toma café enquanto se veste, escova os dentes enquanto reúne a papelada da reunião. Pega as chaves do carro, o celular, a tralha toda... Ótimo, você economizou tempo. Está ameaçando chuva e o trânsito promete ser complicado, mas se você pegar alguns atalhos poderá chegar no horário. Tudo sob controle. Você liga o carro e ele faz um barulho estranho, um engasgo, e morre. Essa não. Você liga de novo e o carro não pega. Não é possível. Tenta outra vez, o resultado é o mesmo. Droga de carro!

Logo em uma segunda-feira, dia de uma reunião crucial para a sua vida, o maldito carro não pega. Você não entende nada de mecânica, mas abre o capô assim mesmo — quem sabe ele pega agora. Xinga, chuta o pneu, não acredita que uma coisa dessa possa estar acontecendo. Sua perplexidade com o carro enguiçado é tamanha que você não consegue pensar em uma alternativa para chegar à reunião. Em vez de ligar para o escritório e avisar que irá atrasar ou sair pela rua em busca de um táxi, perde tempo com um ataque de nervos. O carro continua enguiçado, pois ele não está nem aí para o seu problema, você ainda está em casa e a reunião começará sem a sua presença.

Se é assim que você lida com seus problemas, é óbvio porque a vida não flui. Enquanto concentra atenção na questão em si, você trava tudo. O problema não se resolve, você não consegue encontrar uma solução para sair do impasse e ainda esgota sua energia com um ataque de nervos que não leva a nada. Isso não funciona, concorda?

Se você quiser encontrar soluções para o seu problema, precisa aprender a distanciar-se dele. Sabe aquelas cenas dos filmes em que a câmera focaliza um rosto e então começa a se afastar, mostrando cada vez mais o cenário em volta da pessoa? Distanciar-se do problema é mais ou menos isso. É preciso deixar de olhar só para aquilo e ampliar sua percepção para as opções que você tem.

No caso do carro, por exemplo. Em vez de ficar ali, praguejando, você deveria se "desidentificar" com a situação e restabelecer a calma. Então perceberia que o tempo estava passando e sua prioridade não era fazer o carro andar, mas chegar à reunião. Você logo pensaria em tomar um táxi, pedir a alguém de casa que o levasse ao trabalho ou, como último recurso, ligar para o escritório e avisar sobre o atraso. Enquanto estivesse a caminho, poderia ligar para o socorro mecânico e pedir que alguém fosse ver o carro. No final do dia, depois de uma reunião proveitosa — porque você estaria calmo e despreocupado —, voltaria para casa e encontraria o carro consertado.

Agora, se você ficasse investindo tempo e energia no dilema do carro quebrado, poderia perder a reunião ou chegar atrasado, esbaforido, mal-humorado e desequilibrado. O restante do seu dia provavelmente seria ruim, pois você já o começou com o pé esquerdo — e porque quis. E depois você não sabe por que a vida não flui, não é?

Outro benefício que o distanciamento mental e emocional traz é criar as condições para que você encontre uma solução criativa para o problema. Um bom exemplo disso foi a situação que se passou com um amigo dos meus filhos. Em uma das vezes em que esteve em casa, o rapaz contou as dificuldades que estava encontrando em seu novo emprego como analista de sistemas. "Aquela empresa é uma loucura. Tudo precisa ser feito para ontem, e há uma pressão enorme sobre os analistas para solucionar os problemas dos sistemas, fazer melhorias e desenvolver novos programas. Não consigo trabalhar desse jeito, acho que vou pedir demissão", contava ele, chateado.

Tempos depois, ele reapareceu em casa com uma cara bem melhor. Disse que havia começado a fazer natação três vezes por semana para combater o estresse e, sem querer, descobriu um jeito de lidar com os problemas do trabalho. "Eu ia nadar para desfazer as tensões e tentava não pensar em nada, só contava minhas braçadas. No primeiro dia, senti o corpo relaxar um pouco. No segundo, achei que minha mente ficou mais leve. No terceiro, sem mais nem menos, tive um *insight* para resolver um problema que estava enfrentando". Foi assim que o rapaz começou a entender que precisava se distanciar dos problemas para poder resolvê-los. Um pouco mais difícil foi aprender a fazer isso fora da água, já que ele não podia se jogar na piscina cada vez que ficava tenso para resolver alguma situação do trabalho. Mas só de tomar consciência de que precisava relaxar para solucionar seus "pepinos", foi aos poucos aprendendo a lidar com a tensão na empresa e as coisas começaram a fluir melhor para ele.

Distanciar-se é parar de brigar com o problema e ampliar o foco de sua percepção, uma atitude que ajuda não só a resolver as pequenas situações que nos acontecem no dia-a-dia como também os grandes impasses da vida. Às vezes, quando falo sobre distanciamento para algumas pessoas, elas me dizem algo como: "Ah, Leila, mas eu queria ver você dizer isso se tivesse o problema que eu tenho! O meu é terrível." Você mesmo pode estar pensando isso agora. Pois eu digo, com toda tranquilidade, que não teria dificuldade em encontrar uma solução para o seu problema. Não porque eu seja tão poderosa, tão maravilhosa ou mágica, mas simplesmente porque é muito mais fácil a gente resolver os problemas dos outros do que os nossos. Claro! Não enxergamos os nossos porque estamos envolvidos demais, desperdiçando energia com queixas e desgastes; estamos ocupados em nos debater, não em resolver. O mesmo problema, visto por alguém de fora, é muito fácil de diagnosticar e resolver.

Repare como você logo pensa em uma solução quando uma pessoa começa a falar do problema dela. Em poucos minutos de conversa, já ataca de conselheiro e recita todas as palavras-chave do catecismo da automotivação. Curioso como você consegue ser tão eficiente na solução das questões alheias, mas não consegue fazer isso por si próprio, não? Já que é assim, experimente olhar para a situação que está vivendo como se ela fosse de outra pessoa. Isso também é uma forma de distanciamento que poderá ajudá-lo a encontrar a solução de que precisa.

Ainda assim, se você tiver dificuldade em fazer o distanciamento, pode valer a pena pedir ajuda. Não é à toa que existe tanto *coach,* consultor e facilitador para tudo que é assunto que se pode imaginar hoje em dia: as pessoas precisam de auxílio para lidar com seus problemas! Às vezes, abrir-se com um amigo que seja bom ouvinte é o suficiente Ao contar seus problemas para outra pessoa, você também se escuta — e pode, com isso, ter uma percepção nova da situação. Só não espere que aquele a quem você recorrerá possa resolver a questão por você, pois o máximo que ele poderá fazer é lhe mostrar o que você não está percebendo.

Note que é tudo uma questão de percepção, de ótica, de "como se olha". Se você só focaliza o problema, só enxergará o problema. Mas se dá um passo atrás e abre as suas lentes com a intenção de ver mais, você se abre para enxergar mais — e a solução aparece.

Você tem resolvido ou complicado
seus problemas?

Se não há perguntas, não há tomada de consciência.

Humberto Maturana

O mais importante é não deixar de se fazer perguntas.

Albert Einstein

Você faz perguntas para si mesmo?

É possível que algumas pessoas, ao chegar a este ponto do livro, estejam pensando assim: "Nossa, mas essa autora só faz perguntas! Compro o livro dela para obter respostas e tudo o que leio são perguntas! Perguntas no título do capítulo, perguntas no meio do capítulo, perguntas no fim do capítulo!"

Sou, sim, uma adepta declarada das perguntas porque elas nos fazem pensar. Despertam a nossa consciência. Não é o primeiro livro que encho de pontos de interrogação, se bem que neste aqui devo estar quebrando meu recorde. Sempre tive o hábito de me questionar, em parte porque sou assim mesmo, em parte por perceber que as perguntas são ótimos instrumentos para mobilizar as pessoas. Não é à toa que tantos pensadores, filósofos, psicólogos e estudiosos do crescimento humano também as usem com exagero e precisão...

Um deles, o biólogo e cientista chileno Humberto Maturana, diz que duas coisas impulsionam o crescimento do ser humano: curiosidade e dor.

Para constatar como a curiosidade nos mobiliza desde cedo, basta observar uma criança: tudo ela quer ver, pegar, experimentar, pôr na boca. Tudo ela quer saber o que é, como se chama ou para que serve. Vê-se que uma criança é sadia quando é sapeca e curiosa. Percebe-se que está doente quando fica amuada e perde o interesse por tudo que a cerca.

A curiosidade não deixa de existir no adulto, apenas se sofistica. Instiga-nos a aprender, entender a vida, decifrar o mundo. É um claro sinal de saúde também, de interesse, de vida, de movimento e desejo. Não acho exagero dizer que questionar é estar vivo, porque uma pessoa que perdeu a curiosidade, parou de fazer perguntas e crescer se transformou em um vegetal. Virou paisagem. Já ouviu alguém dizer que "fulano está com cara de paisagem?". Para mim, essa metáfora retrata bem o estado de prostração que se revela em uma pessoa que perdeu a curiosidade.

Certa vez, conversando com um senhor mal-humorado, ex-juiz, perguntei: "O senhor é feliz?" Ele me disse que não e que, em seu entendimento, eram necessárias duas coisas para ser feliz: ter autoestima e não ser totalmente lúcido. Foi então que entendi sua infelicidade, pois uma pessoa que se considera lúcida (do ponto de vista que ele tratava a lucidez) deve achar que sabe tudo, que já viu tudo; logo, não tem mais curiosidade. Torna-se incapaz de descobrir, de crescer, de perguntar. Imagine alguém dizer: "Já vi de tudo nesta vida, nada mais é capaz de me surpreender." Isso não soa como uma declaração de descrença? De desgraça? Para mim, pensar assim é sinal de perda de esperança, perda da graça da vida, de sentido. É o mesmo que morrer e se esquecer de deitar.

A mesma curiosidade que nos impulsiona a conhecer o mundo deve nos estimular a conhecer a nós mesmos. É aí que entram as perguntas. Sou da opinião de que temos de nos observar constantemente, questionar o que estamos sentindo, o que queremos, o que não queremos, o que nos dá prazer, o que nos incomoda, o que podemos aprender com as situações da vida e por aí vai. Não há limite para as perguntas.

É porque estou ciente da importância das perguntas para o crescimento pessoal que tenho feito tantas delas para você. Que ondas você está pegando? Você tem medo de quê? O que você tem dito para si mesmo? Como está seu equilíbrio? Como você resolve seus problemas? O autoquestionamento obriga-nos a voltar a atenção para nós mesmos. É uma ferramenta imprescindível para quem deseja se conhecer melhor e progredir no desenvolvimento pessoal.

Já a dor, outra coisa que impulsiona o crescimento humano segundo Maturana, é o tipo de coisa que não toleramos por muito tempo, por isso somos obrigados a tomar uma atitude. Se é uma dor moral, procuramos um consolo, tentamos nos livrar dela. Se é física, buscamos sua causa, ou vamos ao médico, ou deixamos de fazer o que nos provoca a dor. O fato é que não dá para ignorá-la. Não dá para tapear a dor com um analgésico, um calmante ou um paliativo qualquer: seja ela física ou moral, exige que a causa seja combatida ou nunca nos deixará. A função da dor é despertar a nossa consciência para algo que precisamos mudar em nossa vida ou em nós mesmos. Se a considerarmos como um sinal de alerta, e não como algo que precisa ser evitado a todo custo, poderemos crescer muito com ela.

E como você pode crescer com a dor? Fazendo perguntas a si mesmo. Você não terá consciência das causas da sua dor a menos que se questione seriamente. Se algo o incomoda, pergunte-se por que isso está acontecendo com você. Se um sentimento desagradável aperta seu coração, questione-se o que o faz se sentir assim. Se está infeliz, pergunte-se o que lhe causa infelicidade.

Em um trabalho de autoconhecimento que realizei no Chile, os facilitadores faziam perguntas aos participantes o tempo todo. Em determinado momento, perguntaram-nos: "Qual é a sua dor agora?" Algumas pessoas falavam de dores emocionais, outras, de dores culturais, espirituais ou morais, outras ainda respondiam não sentir dor nenhuma. Quando chegou a minha vez de responder fiquei até um pouco sem graça porque, diferentemente de todos, eu estava mesmo era com dor nos pés por causa de um calçado apertado. Era um sapato que havia muito eu não usava e me causava desconforto naquele dia, provavelmente porque meu pé mudara com o tempo.

"Por que você não sai dessa dor?", perguntou-me um dos facilitadores. Respondi que me parecia inadequado tirar os sapatos em uma sala de aula no Chile. Então, dirigindo-se à classe, ele perguntou: "Alguém se importa que a Leila tire os sapatos?" Todos disseram que não. Eu agradeci e tirei os sapatos. Depois pensei comigo mesma: "Caramba, por que eu mesma não fiz essa pergunta? Por que fiquei aguentando a dor tanto tempo se era tão simples me livrar dela?" Conto esse episódio aparentemente banal para lhe mostrar como uma simples pergunta pode nos livrar de uma situação dolorosa. Agora, imagine quanto sofrimento temos suportado porque não fazemos perguntas para nós mesmos.

Mas a história do meu sapato não parou por aí. Depois que fiquei descalça e aliviada, o facilitador voltou a me cutucar: "E na vida, o que está lhe apertando?" Veja como o questionamento de uma dor pode se desdobrar e, de repente, abrir as portas para a reflexão profunda. Pensei comigo mesma: "Onde mais eu me aperto e me provoco desconforto para manter certas situações que acho importante manter?"

Por isso é que eu digo: pergunte-se, pergunte-se, pergunte-se. Essa é uma ótima maneira de você se conhecer e prover o seu bem-estar. Não faça perguntas simplesmente para obter respostas, mas também para que surjam outras perguntas. E assim, de pergunta em pergunta, você vai se conhecendo mais.

E o que tem isso a ver com o fluir? — mais uma pergunta. É simples. Se você não se questionar, não identificará os bloqueios, as crenças e os comportamentos que provocam situações que não quer para sua vida. Se não conseguir identificá-los, não conseguirá transformá-los. Se não conseguir transformá-los, continuará enfrentando as situações indesejáveis que lhe causam dor e dificultam o seu fluir.

Crescemos pela dor e pela curiosidade. *Acredito que perguntas podem evitar dor, mas a dor nunca evita perguntas — na verdade, ela as provoca.* A dor não é necessária, mas a curiosidade é essencial.

Que pergunta você tem a fazer para si mesmo neste exato momento?
Há alguma coisa na vida que está lhe apertando agora?
Por que você não sai dessa dor?

Que sensações lhe dizem que está faltando com o respeito a si mesmo?

Você já disse "o pé que está embaixo é meu" para alguém que pisava no seu pé?
O que a outra pessoa fez? Ignorou você ou se desculpou?

PERMITA-SE FLUIR COM A VIDA

O que deixamos atrás e o que nos aguarda adiante são assuntos
sem importância comparados com o que levamos dentro.
Ralph Waldo Emerson

Propósito, planejamento e convicção

"Querida Leila, sou formada em administração de empresas e sempre tive vontade de abrir meu próprio negócio. Já fiz até algumas experiências, mas ainda não acertei. Lendo um artigo que você escreveu sobre os principais erros dos empreendedores, descobri qual é o meu problema: não ter definido em que ramo quero atuar. Já trabalhei com roupas, com cestas de café da manhã, com objetos artesanais. Há poucos meses comprei um mostruário de folhinhas e brindes e saí com um vendedor para fazer algumas visitas, pois me considero um pouco insegura para vender... Hoje dou aulas particulares de matemática, matéria que adoro, e estou pensando em fazer novamente a experiência com as folhinhas, mas desta vez colocando representantes comerciais nas ruas, assim posso continuar com as aulas. Gostaria de saber sua opinião: qual é o negócio mais viável?"

Recebi essa mensagem de uma leitora da revista *Vencer*, da qual sou colunista há muitos anos. Em minha resposta, eu disse que só ela poderia saber qual era o negócio mais viável, pois isso não depende do negócio em si, mas de quem iria tocá-lo — e de sua paixão, coragem e garra para levá-lo adiante. Disse também que ela poderia fazer o que quisesse, desde que estivesse preparada e tivesse um planejamento para executar suas ideias.

Citei o caso da leitora para chamar a sua atenção sobre três coisas essenciais para que a vida flua: *propósito, planejamento* e *convicção*.

No caso dessa moça, minha impressão é de que ela ainda está em dúvida sobre seu *propósito*, ou seja, a tarefa que veio desempenhar neste mundo. Aliás, "o que eu vim fazer neste mundo" é uma questão existencial que, para muita gente, ainda está sem resposta. Espera-se que, lá pelos 18 anos, todos saibam exatamente o que desejam fazer da vida e escolham sua faculdade, sua profissão, o seu lugar para viver. Mas como parece difícil fazer essa escolha e acertar na mosca, não é?

Pode parecer difícil sim, mas na verdade não é. Para sabermos qual é nosso propósito, basta identificar quais são nossos talentos. Talento é o dom, a inteligência natural que todo ser humano tem para fazer determinada coisa. Nascemos com ele e nos sentimos atraídos a fazer justamente o que tem a ver com ele. Tenho lá minhas dúvidas se o talento da leitora é realmente vender, pois ela diz que não se sente segura para isso — e quem usa um talento dificilmente se sente inseguro, pois está usando uma habilidade que é natural para si. Por outro lado, ela diz que dá aulas de matemática, matéria que adora — e isso, para mim, soa como uma pista do seu verdadeiro talento, que pode ser lidar com números. Eu não me arriscaria a dar um palpite sobre o que é melhor ela fazer, pois acho que isso é algo que cada um tem de descobrir em seu íntimo, mas acho que a ideia de coordenar uma equipe de representantes comerciais pode dar certo: ela cuidaria da parte administrativa e financeira, que parece ser mesmo a sua onda, enquanto os representantes realizam as vendas. Esta aí: administrar um negócio talvez seja o propósito dela.

Lembra-se do que discutimos no primeiro capítulo, sobre refletir a respeito das ondas que você está pegando? Se você chegou à conclusão de que vale a pena pegar a onda que lhe desperta os sentimentos de paixão e de relevância, estará seguindo a trilha do seu propósito, mesmo que não saiba conscientemente qual é ele. Nosso coração nunca se engana: aquilo que nos atrai, apaixona e desperta o sentimento de que somos importantes tem tudo a ver com o nosso propósito, uma das coisas essenciais para que a vida flua.

Voltando ao caso da leitora, eu também disse, em minha resposta, que ela poderia fazer qualquer coisa que quisesse, desde que se preparasse e fizesse um *planejamento* — outra condição importante para que a vida flua. O plano de ação é um roteiro com todos os passos necessários para "chegar lá".

Vamos supor que a moça realmente se decidisse por abrir uma empresa de representação comercial. Um passo importante ela já deu: formar-se em administração de empresas, o que lhe dá as ferramentas para tocar um negócio próprio. O passo seguinte é fazer um grande levantamento sobre tudo o que implica abrir uma firma de representação, como escolher os produtos que serão trabalhados, definir o modo de operação da empresa, recrutar representantes e treiná-los para trabalhar com os produtos, fazer o marketing da empresa, estabelecer as metas de vendas e por aí vai. Quando todas as ações tiverem sido levantadas, é preciso colocá-las em uma ordem de prioridade; então, para cada uma, estabelecer como realizá-la e determinar um limite de tempo para isso. Parece simples, o óbvio ululante, o tipo de coisa que todo mundo sabe — mas daí a fazer mesmo...

Usei um exemplo de plano de ação para abrir uma empresa, mas quero deixar claro que essa ferramenta serve para qualquer objetivo que se possa ter na vida: desenvolver uma nova profissão, mudar o estilo de vida, transferir-se para outra cidade ou aprender a tocar um instrumento. É estranho associar planejamento com metas que não tenham nada a ver com negócios, mas elas também se beneficiam de um passo a passo no papel.

Em minha resposta à leitora, eu também disse que o que faz um negócio ser viável é a paixão, a coragem e a garra de levá-lo adiante. Essas qualidades estão relacionadas a mais uma coisa essencial para que a vida flua: *convicção*. Sem isso, você pode ter um propósito claríssimo e um plano de ação maravilhoso, mas não sairá do lugar.

A energia da convicção é poderosa. Quando estamos 100% convictos de alguma coisa, colocamos o universo para trabalhar a nosso favor. Alcançamos a nossa meta — talvez não do jeito que imaginamos, talvez de um jeito ainda melhor do que imaginamos... Sei do que estou falando porque sou uma pessoa de muita convicção e os resultados que obtenho até me surpreendem.

Antes de ser palestrante, fui fisioterapeuta e trabalhei com o método Rolfing, uma manipulação da fáscia muscular que restabelece o fluir do tecido conjuntivo e propicia equilíbrio energético, postural e emocional. Para divulgar o método, relativamente novo no Brasil, eu às vezes dava palestras sobre qualidade de vida e me sentia muito atraída pela carreira de palestrante. Um belo dia, quem aparece em meu consultório? O psiquiatra Roberto Shinyashiki, que na época já fazia sucesso como conferencista.

No final do atendimento, não contive a curiosidade e lhe fiz uma proposta: o meu atendimento em troca de algumas dicas para entrar no mundo das palestras. Ele me deu as dicas e eu as segui. Pouco tempo depois, estava embarcando em um voo para dar a primeira palestra fora de São Paulo e dizia à minha colaboradora Ana Cláudia, que me levara ao aeroporto: "Guarde bem isso: esta será apenas a primeira de muitas viagens que vou fazer para dar palestras." Eu tinha muita convicção sobre o que estava fazendo. A partir daquele dia, comecei a ministrar palestras e não parei mais.

Naquele começo de carreira, também estabeleci a meta de ser palestrante internacional. Fiz todo um planejamento para isso e fui tocando, surfando, fazendo as coisas conforme o planejado e conforme as oportunidades, as ondas. Renovei meu passaporte e o deixei pronto, mesmo não tendo nenhuma viagem em vista. Comecei a cursar espanhol, pois precisaria do idioma para me apresentar em países da América Latina. Pouco tempo depois, fui convidada para dar uma palestra no Peru. Seis meses depois, voltei ao país para uma turnê. E as viagens continuaram.

Fui parar até no Japão, convidada para dar palestra para um grupo de brasileiros que mora lá. Algumas pessoas a quem eu contei sobre o convite, que veio por *e-mail*, ficaram ressabiadas, me disseram até para verificar se não era um golpe ou algo assim. Mas o convite era sério, e lá fui eu. E que experiência! No Japão, pelo menos naquela época, não havia palestrante motivacional, e muito menos palestrante mulher — porque mulher, culturalmente, não se expõe em público dessa maneira. Um grupo de empresários japoneses assistiu a minha apresentação, feita em português para brasileiros, e, para minha surpresa, adorou a palestra. Desconfio que não entenderam nada, mas adoraram! Aplaudiram à beça, riram das piadas e tudo. Depois disso voltei ao Japão para fazer um ciclo de palestras, e meu livro *Talento para ser feliz* foi publicado em japonês.

A neurolinguística diz que 70% da comunicação são expressão, gestos e voz. Para mim, 70% do poder da comunicação são convicção. Quando estamos convictos de algo, somos coerentes, as pessoas nos respeitam, o universo conspira a nosso favor, é maravilhoso. Por isso sempre digo: quando você resolve fazer algo, as coisas fluem. Talvez não do jeito como você imaginou, mas fluem.

Convicção e fé estão muito próximos, e, assim como não há meia convicção, não há meia fé. Meia fé não nos leva a lugar algum. Por isso, se você tem convicção de que conseguirá algo, faça tudo o que precisa ser feito para o momento em que a oportunidade chegar. Isso me faz lembrar da história de uma aldeia que sofria com a seca havia quatro anos. Um dia, os aldeões se reuniram para escalar uma montanha e fazer uma oração coletiva para pedir chuva. No caminho para a montanha, um ancião do povoado viu um garoto todo agasalhado e coberto com uma capa e disse: "Menino, você enlouqueceu? Essas roupas vão matá-lo de calor!" O menino lhe respondeu: "Senhor, se vamos pedir chuva a Deus, preciso estar preparado para a enxurrada!"

Se você ainda não se acertou na vida, fique atento. Talvez lhe falte um propósito claro, sustentado por um plano de ação e impulsionado por uma forte convicção. Sou testemunha de que, com essas três coisas, a vida flui mesmo.

Quando você está realmente convicto de algo, o universo se ajoelha aos seus pés. Quais são suas convicções neste momento de sua vida?

Não são as coisas que transtornam as pessoas, e sim os pontos de vista que as pessoas adotam a respeito das coisas.

Epicteto

Ninguém corta sua onda

Que bom seria ter uma praia todinha só para você, não? Seria bem mais fácil fluir nas ondas, fazer suas manobras e tomar a direção que desejasse. Poderia até se dar ao luxo de escolher a onda que quisesse.

O problema é que a sua praia nunca está deserta. Aliás, ela mais se parece com Copacabana em um domingo de sol, com gente disputando cada palmo da arrebentação. Como surfar em meio a adolescentes que pegam jacaré, nadadores de fim de semana e, principalmente, uma penca de outros surfistas?

Pois a vida é assim, como uma Copacabana lotada, e às vezes surgem pessoas que parecem impedir você de fluir. Você se empenha em fazer um projeto dar certo, mas seu chefe não lhe dá apoio — corta sua onda. Quer passar o fim de semana à toa, sem fazer absolutamente nada, mas a família inventa mil atividades que incluem você — e corta sua onda. Encanta-se com um imóvel que é justamente o que você procurava, mas quando leva sua proposta ao proprietário fica sabendo que alguém apareceu antes e fechou negócio — cortou sua onda. Então você se pergunta: a minha vida pode fluir assim?

Pode, simplesmente porque quem está surfando é você. Se alguém aparece no caminho, você pode desviar sem perder a onda. Pode também sair daquela onda e pegar outra. Na verdade, ninguém pode cortar sua onda a não ser você mesmo. Tudo depende da maneira como lida com as vontades dos outros e as suas próprias.

Não é porque você determinou que as coisas têm de acontecer desse ou daquele jeito que o restante do mundo seguirá exatamente seu *script*. Você pergunta então: “Mas e o plano de ação que você me mandou fazer, não serve para nada?” Claro que sim: sem ele você nem daria o primeiro passo em direção à sua meta. Porém, quando fazemos planos para qualquer coisa — de mudar de vida a tomar um sorvete na esquina —, precisamos ter em mente que o que *esperamos* pode *não acontecer*, o que *não esperamos* pode *acontecer* e nem sempre é possível contar com a concordância de todas as pessoas. Ainda assim, as coisas poderão fluir para você — tudo depende de como você lida com essas situações.

Certa vez, recebi o convite de uma editora para participar da equipe de uma revista. Seria uma publicação mensal sobre felicidade, sucesso, empreendedorismo — enfim, meu universo temático. Fiquei toda animada. Trabalhei intensamente para elaborar um projeto para a revista, estava realmente a mil por hora. Um belo dia, o dono da editora disse que haviam ocorrido algumas mudanças e a revista não sairia mais. Que balde de água fria eu levei! Fiquei desapontada, é claro, mas tratei de reagir. O desafio de colaborar com uma revista me instigava muito e achei que, se não era possível realizá-lo com aquela editora, eu poderia conseguir isso com outra. Pouco tempo depois, descobri que uma amiga conhecia a dona de outra editora. Não tive dúvida: entrei em contato com essa pessoa e, sem a menor cerimônia, ofereci-me para trabalhar em uma das publicações dela. Devo ter feito minha proposta com muita convicção, pois foi aceita na hora, e assim me tornei editora especial da revista *Vida Executiva*, da Editora Símbolo.

O projeto de colaborar com uma revista fluiu, afinal, porque não fiquei me lamentando que alguém cortara a minha onda. Em vez disso, mudei de onda. Cheguei aonde queria, embora não exatamente do jeito que imaginava — na verdade, melhor do que eu imaginava, pois a nova publicação tinha uma tiragem mensal dez vezes maior que a da outra. A vida é cheia de situações em que planejamos as coisas de determinada maneira e elas não fluem como imaginamos. É natural que isso aconteça porque não temos nenhum controle sobre as pessoas que podem aparecer bem na frente da nossa onda. O que temos de fazer é saber fluir apesar delas.

Sei que essa minha afirmação pode causar protestos do tipo "Ah, você diz isso porque não tem a sogra que eu tenho". Ou: "Queria ver se você tivesse um chefe como o meu." Ou ainda: "Parece que certas pessoas querem me prejudicar." Outro dia mesmo recebi o *e-mail* de uma moça que trabalhava como recepcionista e se sentia muito deslocada nessa função. "O pessoal do escritório fica de graça com a minha cara porque tenho pouca experiência. Não consigo desenvolver meu lado profissional nesse ambiente". É uma pena que ela pense assim, pois não está considerando que, se conquistou a função de recepcionista, é porque teve méritos para isso. Sugeri a essa moça que não desse tanta importância às gozações dos colegas e procurasse se aperfeiçoar como recepcionista, pois não é vergonha nenhuma não saber tudo.

Veja como é fácil dar aos outros o "poder" de transtornar nossa vida. Mas quem realmente causa transtornos somos nós, não o outro. Acreditar nisso nos torna poderosos, porque permite encontrar a solução para os problemas. Se uma pessoa se coloca em seu caminho, converse com ela, peça licença, negocie. Se não for possível negociar, tente ir por outro caminho, mude de onda. Mas não fique parado nem arrume conflitos desgastantes e inúteis para sua vida.

Reconheço não ser tão simples lidar com pessoas que colidem conosco, são mal-humoradas, negativas, teimosas ou antipáticas. O segredo é não entrar na sintonia delas. Ao relacionar-se com uma pessoa difícil, mantenha a consciência de quem você é, o que quer e o que não quer. Sinta seus pés no chão, fique atento à sua respiração e converse com calma. Pense antes de falar, evitando disparar reações automáticas. Muitas vezes, só o fato de não se deixar contaminar pela negatividade do outro acaba atenuando essa negatividade. De qualquer forma, o importante é você não entrar na dele, mas manter o controle emocional e o discernimento.

Caso você não consiga manter o equilíbrio e acabe ficando alterado, tenso até a raiz dos cabelos ou com vontade de esganar alguém, o jeito será apelar para a risada. Não me canso de exaltar a importância do riso, pois ele provoca a liberação de endorfinas (substâncias que promovem o bem-estar), libera tensões e combate o estresse, entre outros benefícios. Cabe dizer aqui, aliás, que cultivar o bom humor é fundamental na vida. Repare: quem é bem-humorado tem mais facilidade de relacionamento, envolve mais facilmente as pessoas porque não leva as coisas tão a sério e consegue ver o lado positivo das situações. Quem tem humor flui melhor.

Um ótimo recurso para amenizar situações de tensão e de raiva é rir por dentro. Ou seja, rir de boca fechada, deixando o som da risada ecoar por todo o corpo. Se quando ficamos irritados contraímos o corpo, rir por dentro abre o que a raiva fecha e relaxa o que o nervosismo tensiona. Está louco da vida com o chefe? Então exercite a risada interna sempre, todos os dias. Se lhe falta um estímulo para rir, use um livro de piadas, lembre-se de alguma coisa engraçada, de uma cena de filme ou situação hilária que já aconteceu em sua vida. Cultive o exercício de rir voluntariamente e você produzirá endorfina. Rir é como comer pipoca: é só começar e dá vontade de não parar mais.

Você pode achar difícil rir quando alguém o tira do sério, mas é isso mesmo que tem de fazer. Se não quiser ficar enfezado, tenso, contraído, carrancudo, enrugado e empacado, ria. É uma coisa ou outra. Ao rir, você se desarma, relaxa, esvazia. No dia seguinte, você tenta não perder o equilíbrio com aquela pessoa difícil, mas novamente não consegue evitar bater de frente com ela. Então fica nervoso de novo e tem de relaxar mais uma vez. A situação se repete dias a fio, semanas, meses. No decorrer do tempo, porém, algo pode mudar. Se você verdadeiramente persistir na ideia de que ninguém pode impedir o fluir da sua vida e tentar manter o equilíbrio, sem perder de vista o que realmente quer e o que não quer, perceberá que a outra pessoa o afeta cada vez menos. A energia que você perdia nos conflitos com ela pode ser dirigida para outras coisas, para outras maneiras de fluir.

Na verdade, o relacionamento com pessoas que parecem atrapalhar nossa vida nos traz grande oportunidade de aperfeiçoamento, pois o que nos incomoda nos outros é justamente o que não apreciamos em nós. Dizendo a mesma coisa de outro jeito: os defeitos que vemos no outro são os mesmos que nós temos. Compreende? Suponhamos que você tenha dificuldades para se relacionar com uma pessoa extremamente competitiva, que deseja mostrar que é a melhor em tudo o que faz. No fundo, no fundo, você fica incomodado com ela porque também é competitivo e não quer se sentir inferior a ninguém. Faz sentido, não faz? Se você não fosse competitivo, não daria a menor bola para a mania de "aparecer" dos outros.

Uma amiga, redatora publicitária, tinha exatamente esse problema com uma colega a quem considerava exibida e arrogante. "Ela tenta de todas as maneiras mostrar que é melhor do que eu", reclamava. De tanto se importar com o que a outra fazia ou deixava de fazer, entrou em desequilíbrio. Cometeu algumas falhas por desatenção e foi advertida pela chefia. Com a advertência, ela "caiu na real". Distanciou-se da situação, percebeu que se incomodava demais com o exibicionismo da outra e resolveu trabalhar a própria necessidade de estar sempre em evidência.

Quer saber de mais uma coisa? Às vezes, temos mesmo é que agradecer às pessoas que cortam a nossa onda e nos fazem perceber nossos próprios defeitos. Ou nos deixam tão indignados a ponto de mover céus e terras para nos modificar. Já não lhe aconteceu de se sentir prejudicado por alguém e dar a volta por cima só para mostrar àquela pessoa do que você era capaz? Há situações em que só o sentimento de indignação é capaz de nos dar força para nos superar e crescer.

Um dia desses, depois de uma palestra que dei para pequenos empresários, um homem da plateia veio falar comigo e me contou sua história. Ele disse que havia sido casado por seis anos com uma mulher que amava muito e a quem fazia de tudo para agradar. A esposa era exigente: queria tudo do bom e do melhor, e ele trabalhava duro como gerente de uma loja de materiais de construção para satisfazer as vontades dela. Um belo dia, a mulher comunicou que iria deixá-lo para viver com um fazendeiro riquíssimo. "Nunca vou me esquecer da revolta que senti quando ela me disse que eu era um gerentezinho medíocre e jamais poderia dar a vida que ela merecia", contou ele. Indignado e com o orgulho ferido, o homem vendeu tudo que possuía e propôs sociedade ao dono da loja de materiais de construção. Tornou-se dono do negócio, fez a loja prosperar e refez sua vida. "Hoje reconheço que, apesar de esforçado, eu era acomodado e submisso. Se ela não tivesse ferido meu orgulho daquela forma, acho que jamais descobriria tudo de que sou capaz. Fiz o que fiz para mostrar a ela que eu não era medíocre, mas acho que quem mais precisava saber disso era eu mesmo."

Espero que você esteja percebendo, ao chegar a este ponto do livro, que nada é absolutamente bom ou ruim É o modo como interpretamos as situações da vida que faz toda a diferença no nosso fluir. Uma pessoa difícil pode paralisá-lo ou não, dependendo da forma como você a vê e lida com ela. O prejuízo causado por alguém pode arruinar sua vida — ou despertá-lo para outra possibilidade de vida. Se você quer fluir, não pode mais culpar os outros pelo que acontece ou deixa de acontecer, mas tem de assumir que o único responsável pela sua felicidade é você. Ninguém pode cortar sua onda.

Você se lembra de uma pessoa que cortou a sua onda e o obrigou a mudar para uma onda que, mais tarde, você percebeu que era melhor?

O sucesso vai de fracasso em fracasso sem perda de entusiasmo.

Sir Winston Churchill

E as perdas? E os fracassos?

Sim, perdas e fracassos. Temos de falar disso. Não pense você que, por ter um propósito claro, fazer seu plano de ação, ter convicção e não cortar a própria onda, você estará livre deles. Eles fazem parte da vida. São os vagalhões que vêm não se sabe de onde e nos derrubam da prancha. São as fatalidades, os acidentes, os imprevistos que nos acontecem.

Engraçado, jamais imaginei que escreveria um capítulo de livro sobre fracassos. Pensei até em riscar essa palavra de meu vocabulário, como se a vida pudesse ser feita apenas de sucessos. Nem por isso deixei de ter os meus tropeços e tombos. Não fui capaz (na verdade, nem tive a intenção) de evitar desastres ao longo da minha existência: o que fiz foi aceitá-los e aprender com eles. E descobri que, mesmo nos momentos em que amargava o meu fracasso ou chorava a minha perda, a vida não deixou de fluir.

Isso fica muito claro um bom tempo depois que a gente se recupera da tragédia, olha para trás e percebe como tudo se resolveu. Como exemplo, vou usar o fracasso amoroso de que falei no capítulo sobre equilíbrio. Quando minha paixão não terminou em *happy end*, mas em uma tremenda fossa, eu sentei e chorei. E, enquanto chorava, me perguntava: "O que eu tenho de aprender com isso?" Essa é uma pergunta que sempre faço quando as coisas não acontecem como eu esperava, pois acredito que quando algo não dá certo é porque temos uma lição a aprender.

E o que aprendi com meu fracasso amoroso? Que eu estava surfando em desequilíbrio, como já comentei. Era uma pessoa tão identificada com o papel profissional que, quando apareceu um homem em minha vida, eu o abordei com a mesma objetividade que usava nos assuntos do trabalho. O desastre me levou a questionar meu modo de ser, rever atitudes, mudar comportamentos. Hoje, olho para trás e percebo que aquele fracasso foi providencial para mim, pois se não fosse ele eu continuaria em desequilíbrio.

Agora, pode-se dizer que minha vida ficou estagnada por causa do fracasso? De jeito nenhum. Aliás, continuou fluindo, me conduzindo a um crescimento pessoal e à conquista do equilíbrio que eu havia perdido.

Se você ainda não está suficientemente convencido de que a vida flui no sucesso e no fracasso, no ganho e na perda, na saúde e na doença, na alegria e na tristeza, veja só o que descobriu aquele professor da Universidade de Chicago, Mihaly Csikszentmihalyi, autor do livro *Fluir*. Ele fez uma ampla pesquisa com pessoas que tiveram sérios incidentes na vida e perderam a visão, ficaram paraplégicas ou com outra grave limitação física. Resultado: boa parte dos entrevistados não só sente que a vida flui bem apesar de suas limitações, mas também acha que a perda que sofreram foi a melhor coisa que lhes aconteceu.

Os pesquisados disseram que o momento da perda foi muito difícil, mas, depois de superado o choque, o que se apresentou foi um grande desafio a ser vencido. De várias maneiras, eles tiveram de reaprender a fazer coisas básicas do dia a dia e reconquistar a autonomia perdida. A superação das dificuldades tornou-se o grande objetivo da existência deles, e cada pequeno avanço obtido virou motivo para muita satisfação. Essas pessoas dizem que aprenderam a valorizar mais a vida, até nas pequenas coisas, e conquistaram um senso de autoestima que jamais tiveram.

Se certas circunstâncias da vida são inevitáveis por estar fora do nosso controle e acima da nossa vontade, o que nos resta é aceitá-las, vivê-las em sua plenitude e aprender com elas. Enfim, fluir com elas, porque estão nos levando para algum lugar.

"Sou feliz porque aprendi a conviver com o inevitável", disse-me um senhor mineiro que conheci certa vez. Do alto dos seus mais de 70 anos de idade, ele provavelmente via uma vida repleta de aprendizados.

É tão bonito ouvir alguém contar que passou por maus pedaços mas saiu inteiro! Guardo com muito carinho o lindo *e-mail* de uma mulher que sofreu horrores com um câncer na mama. Quando estava no hospital, nauseada, inchada e careca por causa da quimioterapia, ouvia as pessoas dizerem que ela não podia ficar triste e tinha de ser forte. "Mas espera aí, meu Deus do Céu!", escreveu ela. "Quando você está triste, seja lá pelo que for, embriague-se de sua tristeza. Sinta-a de verdade. Não fuja dela com drinques, cigarro, maconha ou fingindo que ela não existe. Enfrente-a".

Como a maioria de nós, essa mulher passou a vida acreditando que tinha de sufocar seu sofrimento, engolir sua raiva e esconder sua fragilidade. Depois de vencer o câncer, aprendeu a respeitar seus sentimentos e expressá-los, livre da obrigação de manter a imagem de guerreira que acreditava precisar manter.

Quando você estiver vivendo uma perda ou um fracasso, não importa o tamanho ou o poder de devastação que eles tenham, pergunte-se com toda a seriedade: "O que tenho de aprender com isso?" Vá fundo nesse questionamento, assim como em sua dor. Busque as respostas bem lá dentro de você e permita-se crescer com a situação. Faça o que tiver de ser feito para sair dela. Sua vida não deixará de fluir, as soluções aparecerão, as feridas cicatrizarão, você vai sair da crise e mais tarde poderá dizer: "Hoje sou alguém melhor."

Por outro lado, tentar negar o que está acontecendo, considerar-se perseguido ou injustiçado, brigar com a situação ou se deixar sucumbir pelo infortúnio e passar o restante da vida lamentando o que perdeu é o mesmo que tentar manter sua prancha parada no mar. Impossível. Ainda que a prancha tivesse âncora, você teria de fazer um grande esforço para não ser levado pelas violentas ondas da crise. E será que adiantaria, se até navios são levados pelo mar?

Enxergar os fracassos como oportunidades de crescimento é algo que nos ajuda muito a suportá-los e superá-los. Mas certamente muitos fracassos que experimentamos na vida não teriam existido se as coisas que valorizamos e nossas expectativas fossem diferentes.

Um amigo meu, psicólogo, contou que passou três anos trabalhando um dia por semana em um hospital-escola. "O objetivo da experiência era obter minha pós-graduação. Nesse período consegui um orientador, aprendi muito, estabeleci uma rede de contatos fantástica. Mas eu deveria ter preparado o meu projeto, e não o fiz. O tempo passou, o prazo passou e eu perdi a chance. Me dá uma sensação de fracasso...".

Interessante ele ter dito isso, pois o que é o fracasso senão a sensação que decorre de uma determinada maneira de ver as coisas? Meu amigo talvez se tenha apegado à expectativa que tinha no princípio, ou seja, conseguir sua pós-graduação. No decorrer do tempo, talvez alguma coisa tenha mudado dentro dele, pois se continuasse empenhado naquele objetivo não teria perdido o prazo para apresentar seu projeto. Será que se ele tivesse chegado à conclusão de que a pós-graduação perdeu a relevância em sua vida, teria tido a sensação de insucesso?

A noção de fracasso, na verdade, é muito relativa. O que pode ser considerado fiasco por uma pessoa pode não ter a menor importância para outra: tudo depende da leitura que cada um faz das situações. Desmanchar o noivado pode ser muito decepcionante para um dos noivos e um alívio para o outro. Abandonar uma faculdade no meio pode causar frustração em um aluno e desafogo em outro. A mesma pessoa, em diferentes momentos da vida, pode considerar a mesma situação como fracasso e, mais tarde, como dádiva, e vice-versa.

Quando falo sobre a relatividade do fracasso, não tenho a intenção de convencê-lo a mudar seu sentimento em relação a uma situação difícil que você pode estar vivendo agora. Isso não teria cabimento. Minha intenção, de fato, é mostrar que o que pode ser terrível agora talvez não pareça tão ruim amanhã, quando você tiver outra visão da situação. Minha intenção é incentivá-lo a perguntar-se "o que posso aprender com isso?", aceitar esse aprendizado e tocar sua vida adiante. Porque de uma coisa você pode ter certeza: ela não deixará de fluir.

Há situações na vida em que não temos alternativa senão encarar a crise com coragem, mas sem opor resistências, conscientes do caminho que estamos fazendo. E confiar que tudo ficará bem no final, porque toda onda vai dar na praia.

O que você pode aprender com uma perda
ou fracasso que está vivendo agora?

CONCLUSÃO

É como é. E, como é, é perfeito.

Jin Shin

Viver é fluir

Quando me preparava para escrever este livro e fazia leituras, pesquisas e reflexões sobre o fluxo da vida, soube da existência de uma revista chamada *Fluir*. Fiquei imaginando de que tipo de assuntos poderia tratar uma revista com esse nome e imediatamente acessei seu *site* na internet. O que encontrei? Uma publicação especializada em surfe, o que me valeu boas risadas. Pensei então em adotar a metáfora do surfe para o livro e, ao chegar a essas páginas finais, percebo que minha escolha não poderia ter sido mais feliz.

Afinal, o que é a vida senão o grande mar e suas ondas?

Há muitas semelhanças entre as duas coisas. Tanto no mar como na vida, o movimento é constante. Tanto no mar como na vida definimos uma direção a seguir, temos de cuidar do nosso equilíbrio e agir com muita convicção. Tanto no mar como na vida não podemos controlar o aparecimento de oportunidades nem desafios (as ondas), mas temos de saber reconhecê-los e aproveitá-los. A ciência do fluir é a mesma, tanto no mar como na vida.

A conclusão a que chego em todos esses meus anos de mar — e gostaria de compartilhar com você — é que, de uma forma ou de outra, a gente está sempre fluindo. O que determina a forma como vivenciamos o fluir é nossa consciência.

Podemos fluir gostoso, sem o mínimo esforço. É quando pegamos as ondas que nos levam exatamente aonde queremos, e aí tudo dá certo, é uma maravilha. Aprendi que essas ondas, que são as oportunidades da vida, nem sempre aparecem quando queremos e nem sempre vêm de onde imaginamos. Por isso, precisamos estar firmes em nosso propósito, para não embarcar nas ondas dos outros, e atentos, para reconhecer as ondas que têm a ver conosco e pegá-las quando aparecem.

Podemos fluir na marra, arrastados pela onda da crise. Quer dizer, nós é que a chamamos de crise, porque ela é uma onda como outra qualquer. Crise não é um atributo da onda, mas o que acontece conosco quando ela nos pega. Se estamos surfando em desequilíbrio, é claro que ela vai nos derrubar. Só então temos a oportunidade de perceber que estávamos surfando desequilibrados e não poderíamos ir longe mesmo. Se estamos indo em uma direção que nada tem a ver com nosso propósito, a onda nos faz ver que estávamos dormindo sobre a prancha, sem muita consciência do que estávamos fazendo — e então temos a chance de corrigir nosso rumo. Nesses momentos, aprendi, não adianta lutar contra a correnteza. Tudo o que nos cabe fazer é manter a cabeça fora d'água e tentar perceber: para onde essa onda está me levando?

Podemos também fluir sem parecer que estamos fluindo. Temos a sensação de que a vida parou e de que nada acontece do jeito que gostaríamos que acontecesse, nada muda. Mas não é que a vida esteja parada, porque vida e mar são movimentos constantes. O que ocorre é que não estamos percebendo as ondas que passam a nosso lado, ou estamos à espera da onda perfeita para que possamos surfar grandiosamente. Pensamos estar parados, mas o mar está nos levando para algum lugar, quem sabe ao encontro de uma grande onda que vai nos sacudir e fazer acordar.

Seja como for, o fluir da vida é constante, e o nosso grande aprendizado é fluir com ela. Podemos escolher as ondas e virar a prancha para cá ou para lá, mas não podemos saber até onde a onda vai nos levar. Se ela irá até a praia, se terminará de repente ou encontrará outra onda, isso é algo que não temos ideia. Por isso, fluir requer um misto de conduzir e de deixar-se levar.

Sei que, para alguns de nós, a ideia de deixar-se levar provoca arrepios. Deixar-se levar para onde? Então não sou o dono da minha vida? Se dependesse de nós, escolheríamos o chão firme e não o mar, porque somos loucos por garantias e certezas. Achamos que, se fizermos tudo certinho, teremos resultados esperados. Se somarmos 2 mais 2, teremos 4. Gostamos tanto de estabilidade que chamamos de Terra um planeta que tem 70% da superfície coberta de água!

Só que na vida, como no mar, não existe estabilidade. Tudo é muito dinâmico e também imprevisível. Quem é capaz de dizer com precisão quando uma onda vai aparecer, para que lado vai correr e quanto tempo vai durar? Quem é capaz de dizer quando uma oportunidade vai surgir, o que ela nos proporcionará e para onde nos levará?

Por isso é que eu acho que a maior habilidade que nós, surfistas, temos de desenvolver é a adaptabilidade. Precisamos saber aonde queremos chegar, mas ter a sabedoria de nos adaptar à correnteza, aproveitá-la e fluir com ela.

Se a vida não nos manda uma grande onda para nos levar diretamente ao nosso objetivo, tudo bem, vamos pegar as marolas. Se uma pessoa quer cortar a nossa onda, tudo bem, vamos nos desviar dela ou mudar de onda. Se um vagalhão surge do nada e nos derruba, paciência, vamos continuar respirando até que ele passe, vamos nos reerguer, aprender o que há para aprender e recuperar o equilíbrio.

Percebe o que é fluir? É desejar a conquista e saber se render. É ter vontade e não opor resistência. É escolher e ser escolhido. Fluir é um paradoxo.

Se entendemos que a vida é assim, fluímos melhor. Ficamos mais abertos para as experiências da vida, pois sabemos que de um jeito ou de outro tudo dará certo no final. Prestamos mais atenção ao que se passa à nossa volta, pois sabemos que as oportunidades não avisam sobre sua chegada. Aprendemos a interpretar os acontecimentos, já que tudo tem um significado e tem um porquê. Assimilamos nosso aprendizado mais rapidamente, pois sabemos que não adianta lutar contra a correnteza. Passamos, enfim, a viver mais conscientes e mais equilibrados — e, quanto mais conscientes e equilibrados, menos nos desviamos, menos caímos, mais fluímos.

Fluir é viver com consciência. É estar no presente. É usufruir da felicidade possível a cada momento, para não chegar a um certo momento da vida, olhar para trás e dizer: "Eu era feliz e não sabia..."

Fluir é saber que existe Algo Maior — que uns chamam de Inteligência Suprema, outros chamam de Arquiteto do Universo, outros ainda de Deus — e que nós, seres humanos, fazemos parte de um grande organismo chamado Universo. De alguma maneira que não está ao nosso alcance entender, os acontecimentos da nossa vida ocorrem na perfeita sincronia dos acontecimentos da vida de outras pessoas, pois é assim, de maneira integrada, que o Universo se move.

A vida, como o mar, tem seus mistérios. Não dá para entender tudo, e na verdade isso nem é preciso. Só precisamos fazer o melhor que pudermos e saber que tudo é perfeito do jeito que é.

Você percebe a perfeição em sua vida?

Cheguei aonde cheguei porque levei a sério as perguntas que fiz.

Humberto Maturana

As três perguntas do imperador

Havia um imperador que acreditava poder reinar satisfeito, sem o risco de cometer nenhuma falha, desde que conhecesse a resposta a três perguntas:

Qual é o tempo mais oportuno para fazer cada coisa?

Quais as pessoas mais importantes com quem trabalhar?

Qual é a coisa mais importante de ser feita?

O imperador prometeu dar um alto prêmio ao súdito que fosse capaz de responder às perguntas. Inúmeras pessoas dirigiram-se ao palácio e ofereceram diferentes respostas.

Alguém aconselhou o imperador a fazer um planejamento completo, dedicando cada hora, dia e ano às tarefas do seu planejamento; só assim faria cada coisa no tempo certo. Outro observou que seria impossível planejar tudo com antecedência, de modo que seria preciso deixar qualquer divertimento vão de lado e passar o tempo inteiro atento a tudo, para saber o momento certo de cada coisa. Outro disse que o imperador não poderia ter a precisão e a competência necessárias para decidir quando fazer cada coisa, deixando aos conselheiros essa tarefa. Uma enorme quantidade de respostas, as mais diversas, foi dada para cada pergunta, mas nenhuma satisfez completamente o imperador.

Ele decidiu, então, sair à procura de um eremita que vivia na montanha e que diziam ser um homem iluminado. Dizia-se que o ermitão jamais deixava a montanha e só recebia os homens humildes. Assim, o imperador decidiu disfarçar-se de camponês e ir ao encontro do sábio. Acompanhado por seus guardas até o pé da montanha, o monarca ordenou que lá o esperassem e subiu sozinho.

Encontrou o eremita lavrando uma pequena horta ao lado de sua cabana. O ancião, ao ver o visitante, acenou com a cabeça e continuou o árduo trabalho. A cada golpe de enxada que desferia contra o solo, dava um profundo suspiro, demonstrando o grande esforço que empreendia na tarefa.

O monarca aproximou-se do sábio e disse que fora até ali para lhe fazer três perguntas. Ao terminar de fazer as perguntas, ficou esperando que o eremita as respondesse, mas ele se limitou a lhe dar um amistoso tapinha e continuou a capinar a horta.

Alguns minutos se passaram e o imperador disse:

— Você deve estar cansado. Deixe-me cavar um pouco.

Depois de ter cavado dois canteiros inteiros, o imperador tornou a fazer as perguntas, mas o eremita novamente não as respondeu. Em vez disso, apontou para a enxada e disse:

— Já descansei, posso retomar meu trabalho agora.

O imperador, porém, não lhe devolveu a enxada e continuou cavando. Assim se passaram as horas até que o sol começou a se pôr. O imperador deixou a enxada, sentou-se ao lado do eremita e disse:

— Vim até aqui para lhe fazer três perguntas, mas se você não puder responder basta me dizer isso que eu voltarei para casa.

O sábio ergueu a cabeça, como se escutasse algo, e perguntou:

— Você está ouvindo alguma coisa?

Em segundos, um homem ofegante, que caminhava com dificuldade, surgiu à frente dos dois. Tinha as mãos ensanguentadas sobre o estômago e caminhou na direção do imperador, mas tombou no meio do caminho.

O monarca afastou as mãos do homem e viu que havia um profundo corte em seu abdômen. Com a própria camisa, limpou a ferida e usou-a para estancar o sangramento. Depois deu de beber ao ferido e levou-o para a cabana do eremita, pois a noite caía e começava a fazer frio. Esgotado por ter subido a montanha e capinado o dia todo, o imperador sentou-se no chão e ali mesmo adormeceu. Só acordou com o dia claro, encontrando o homem ferido já acordado e olhando fixamente para ele.

— Perdoe-me, por favor — disse o ferido com voz fraca.

— O que fez você para me pedir perdão? — perguntou o imperador, surpreso.

— Vossa Majestade não me conhece, mas eu o conheço. Tornei-me seu inimigo quando meu irmão morreu em uma guerra para proteger seu reino e minhas terras foram confiscadas. Jurei matá-lo e há muito esperava a oportunidade para isso. Quando soube que o senhor ia subir sozinho a montanha, tentei segui-lo, mas seus guardas me viram e tentaram me impedir. Eu os enfrentei e fui ferido, mesmo assim consegui escapar. Subi a montanha até encontrá-lo, mas tombei diante de Vossa Alteza. Tinha a intenção de matá-lo, e Vossa Alteza salvou minha vida. Não tenho palavras para dizer o quanto estou envergonhado e também agradecido. Se sobreviver, eu me tornarei seu servo para sempre. Por favor, perdoe-me.

O imperador sentiu extrema satisfação por haver se reconciliado com um inimigo tão facilmente. Não só o perdoou como prometeu chamar seus médicos para tratá-lo e devolver-lhe todas as propriedades confiscadas.

Depois de chamar os guardas e ordenar que levassem o ferido para casa, o imperador foi se despedir do eremita. Antes, porém, fez suas três perguntas uma última vez. O eremita, então, respondeu:

— Suas perguntas já estão respondidas

— Como assim? — perguntou o imperador, intrigado.

— Ontem, se o senhor não tivesse se compadecido de mim e me ajudado a cavar a terra, talvez tivesse sido assassinado enquanto descia a montanha para voltar para casa. Portanto, o tempo mais oportuno foi aquele em que esteve cavando, a pessoa mais importante fui eu e a coisa mais importante a fazer foi me ajudar. Mais tarde, quando o ferido apareceu, o tempo mais oportuno foi aquele em que esteve tratando do ferimento dele, pois sem seu socorro talvez ele tivesse morrido e o senhor não teria a oportunidade de se reconciliar. Naquele momento, ele foi a pessoa mais importante, e cuidar do seu ferimento foi a coisa mais importante a fazer. Lembre-se de que só existe um tempo importante: o agora, porque o presente é o único tempo sobre o qual temos domínio. A pessoa mais importante é aquela que está à sua frente e a coisa mais importante é fazer o bem a ela.

Fiz questão de terminar este livro com uma fábula sobre perguntas porque, na verdade, ele começou a ser escrito com uma pergunta: "Por que algumas pessoas são competentes e, mesmo assim, a vida delas não flui?" Ao longo do livro, fiz dezenas de outras perguntas — até escrevi um capítulo sobre elas. E agora que chegamos ao final não poderia falar de outra coisa senão de perguntas.

Daqui por diante, sinceramente espero que você se questione todos os dias: "O que estou fazendo me dá satisfação?" Porque, enquanto houver satisfação, a vida está fluindo bem. Por outro lado, se não houver, algo precisa mudar para que você se sinta no topo das ondas novamente, e a pergunta o ajudará a descobrir o que é. Lembre-se: você não deve satisfação a ninguém, a não ser a si mesmo, pois é o único que pode satisfazer sua curiosidade e aplacar sua dor.

Há quem jamais deixa de agradecer pelo pão nosso de cada dia. Além de agradecer, acho importante fazer a pergunta nossa de cada dia. Quem se questiona está acordado, vivo, consciente. E, para quem está consciente, a vida flui melhor.

Este livro foi impresso pela
Gráfica Singular sobre papel
Offset 75g/m², em 2010.